Johannes Bours

Ich werde ihm den Morgenstern geben

Johannes Bours

Ich werde ihm den Morgenstern geben

Worte für den Lebensweg

Herausgegeben von
Paul Deselaers

Herder
Freiburg · Basel · Wien

*Den Schwestern Unserer Lieben Frau
im Kloster Annenthal/Coesfeld
in herzlicher Dankbarkeit gewidmet*

Vierte Auflage

Zugunsten des Bischöflichen Hilfswerks
MISEREOR

Alle Rechte vorbehalten – Printed in Germany
© Verlag Herder Freiburg im Breisgau 1988
Herstellung: Freiburger Graphische Betriebe 1991
ISBN 3-451-21333-8

Inhalt

Vorwort	7
I. Christusworte der sieben Sendschreiben	13
II. Worte aus der Urgeschichte des Menschen	89
III. Worte am Morgen	105
IV. Worte zu den Grenzen des Lebens	119
V. Worte zur Jahreswende	147
VI. Worte aus Gedichten von Joseph von Eichendorff	159
VII. Worte aus Gedichten von Nelly Sachs	173
VIII. Worte aus der Erfahrung des Glaubens	187
Gebet	200

Vorwort

Johannes Bours ist am 1. Februar 1988 nach schwerer Krankheit in Coesfeld/Westf. gestorben. Die Nachricht von seinem Tod hat große Trauer ausgelöst. Viele vermissen ihn im persönlichen Gegenüber, vermissen seine Hilfe zum Leben und Glauben, die er unermüdlich und schöpferisch gegeben hat. Manches davon hat sich in seinen Büchern niedergeschlagen und wirkt auf diese Weise weiter.

Als Johannes Bours nicht mehr die Kraft zum Schreiben hatte, hat er als klaren Wunsch geäußert, es solle aus seinen Unterlagen nichts mehr veröffentlicht werden. Doch kamen in der Weihnachtszeit 1987/88 zahllose Briefe ihm persönlich ganz unbekannter Menschen. Sie bedankten sich für sein letztes Buch „Wer es mit Gott zu tun bekommt" oder anläßlich dieses Buches auch für die voraufgegangenen. Daraufhin hat er seinen Entschluß noch einmal verändert. Er übergab mir ausgearbeitete Manuskripte (s. II–VIII), die den Grundstock eines geplanten zweiten Lesebuches bilden sollten. Für dieses Jahr hatte er die Veröffentlichung von Betrachtungen zu Christusworten der sieben Sendschreiben aus der Offenbarung an Johannes geplant. Die Rohmanuskripte, mit denen er gelegentlich schon Exerzitienkurse gehalten hatte, übergab er mir. Drei Vorträge waren nahezu druckfertig bearbeitet. Die anderen sollte ich in seinem Sinne durcharbeiten und vervollständigen. Sie bilden jetzt den ersten Abschnitt (I) in diesem Buch.

Der Grund für die Bitte von Johannes Bours liegt in seinem Anliegen, das er durch das starke Briefecho bestätigt sah: Hilfen für die Durchdringung von Leben und Glauben zu geben, die in Exerzitien ihre besondere Gestalt gewinnt. Die Buchform ermöglicht eine größere Unabhängigkeit und Gestaltungsfreiheit in diesem Bemühen. So ist dieses Buch eine erneute Möglichkeit, im kleineren oder größeren Rahmen mit den vorliegenden Texten Schritte für den Lebensweg einzuüben, der dann zum Glaubensweg werden kann.

Mit diesem letzten Buch von Johannes Bours läßt sich dem nachspüren, was sich immer wieder als sein geistliches Anliegen herausschält. Am Beginn der Sendschreiben aus der biblischen Offenbarung des Johannes (Offb) sind jeweils Hoheitstitel Jesu eingeflochten, die auf Züge und einzelne Eigenschaften rückverweisen, die mit dem Bild des erhöhten Herrn im ersten Kapitel (Offb 1) verwoben sind.

So begegnet im Brief an Ephesus (Offb 2, 1) der, der die sieben Sterne in seiner Rechten hält und mitten unter den sieben goldenen Leuchtern einhergeht (vgl. 1, 16); im Brief an Smyrna (2, 8) der, der der Erste und der Letzte ist, der tot war und wieder lebendig wurde (vgl. 1, 7); im Brief am Pergamon (2, 12) der, der das scharfe, zweischneidige Schwert trägt (vgl. 1, 6); im Brief an Thyatira (2, 18) der, dessen Augen wie Feuerflammen sind (vgl. 1, 14) und der Beine wie Golderz hat (vgl. 1, 15); im Brief an Sardes (3, 1) der, der die sieben Sterne hat (vgl. 1, 16); im Brief an Philadelphia (3, 7) der, der den Schlüssel Davids hat, der öffnet und schließt (vgl. 1, 18); schließlich im Brief an Laodizea (3,14) der, der der treue und zuverlässige Zeuge ist (vgl. 1,5).

Diese Verknüpfung des visionären Bildes mit der konkreten Gemeindesituation will sagen: ER ist es, dessetwegen es dieses biblische Buch gibt. ER ist es, der bei Gott lebt und zugleich in den Gemeinden gegenwärtig ist. ER ist es, der in die Situation jeder Gemeinde hineinspricht. Im Licht seines Wortes wird die Situation jeder Gemeinde offenkundig, unterscheidbar und gedeutet. Jede Gemeinde hat sich mit dem Kompaß seines Wortes zu bewähren, und sei die Lage auch noch so schwierig. So nimmt die Bewährung regelrecht die Gestalt des ‚Kampfes' an. Doch ist nach der Überzeugung der Offenbarung des Johannes der ‚Kampf' schon gewonnen. Jesus Christus ist der Sieger. Wer bereit ist, sich in diesen Kampf hineinzubegeben, der ist dem Sieg Jesu Christi verbunden. Letztlich wird die ganze Gemeinde, die ganze Kirche Sieger sein. Allerdings trägt jeder, der sich ihr zugehörig weiß, die volle Verantwortung mit.

Gerade in der in den Sendschreiben offenliegenden Spannung dieses Gegenübers von erhöhtem Herrn und Gemeinde liegt die Chance, mich selbst – doppelt – in Beziehung zu setzen und die Sendschreiben als Lern- und Lesebuch meines eigenen Lebens und Glaubens hier und jetzt sehen zu lernen. Darum geht es. Je mehr sich das ereignet, um so mehr vollzieht sich eine Annäherung an die Hoffnung. An die Hoffnung auf den, dem die Welt und ihre Zeit, dem ‚meine Welt' und meine Zeit gehört.

Daß die Menschen in dieser Hoffnung beflügelt werden, der einzelne und die Kirche – in nüchterner Wahrnehmung ihrer Situation, darum ging es Johannes Bours, darum geht es ihm in diesem Buch. Wo Menschen in der Hoffnung flügellahm werden, da reißt auch die Verbindung zwischen dem Glauben mit seinen unterschiedlichen Weisen der Gotteserfahrung und der Liebe als der immer konkreten Vorbereitung und Ermöglichung von Gemeinschaftserleben und Gemeinschaftserfahrung. Glaube, Hoffnung, Liebe sind nur in deutlichem Zusammenspiel die „Grundsteine der Kirche" (Ambrosius). Sie werden da neu gelegt, wo Gottes Heilsereignis unter den Verlorenen, Kranken, Ängstlichen und Sündigen, zu denen wir Christen gehören, immer neu wahr werden darf. Die Hauptbeziehung ist die zwischen Gott und den Menschen; hier bahnt sich das Heil den Weg. Die Kirche darf und muß dieses Heil vermitteln, sie ist Werkzeug Gottes und sakramentales Zeichen seiner Gegenwart – in der Kraft des Heiligen Geistes. Sie hat die Unmittelbarkeit der Glaubenden und Suchenden zu Gott hin zu erwecken und wachzuhalten. Deshalb ist sie not-wendig. Stärker als zuvor spürbar ist Johannes Bours von diesem Anliegen bewegt gewesen.

Neben der Entschiedenheit der Glaubenssuche war für ihn immer auch wichtig: Der Glaube ist Weg-geschehen! Er braucht Räume zur Ent-faltung und Ent-wicklung! – Das mag eine kleine Anekdote veranschaulichen: Theologiestudenten vor dem letzten Studienjahr hatten mit Johannes Bours fünftägige Exerzitien. An jedem Tag hatte er ein Sendschreiben aus der Offb für die Betrachtung erschlossen. Nach Abschluß der Exerzitien haben die Studenten ihm als Zeichen ihres Dankes fünf Rosenstöcke seiner Lieblingsrose ‚Gloria Dei' geschenkt – jeder Rosenstock als Bild für eine Gemeinde. Beim Auspacken bekam jeder Rosenstock eine Namen zugewiesen: Ephesus, Pergamon usw. Eine Pflanze ließ die Blätter hängen. Da sagte er spontan: „Das ist Laodizea." (Hier müßte im Vorgriff Offb 3,15f gelesen werden.) Nach einem Dreivierteljahr schrieb er einem der Studenten: „Soeben habe ich die erste Rose ‚Gloria Dei' gepflückt. Sie steht, wunderbar entfaltet, auf meinem Schreibtisch vor mir und erinnert mich an den Kurs ... Alle fünf Sträucher sind angegangen; „Laodizea" allerdings kümmerlich und ohne Knospen; ‚weder heiß noch kalt!' – Aber: Geduld!"

Die Schwestern Unserer Lieben Frau im Kloster Annenthal in Coesfeld/Westf. haben Johannes Bours in seinem letzten Lebensjahr aufgenommen. Ihnen, insbesondere Schwester M. Adelgert, Schwester Eva-Maria, Schwester M. Felicite und Schwester M. Jositha gilt die Widmung als Ausdruck des Dankes, der Johannes Bours lebendig am Herzen lag.

In den Vorworten seiner bisherigen Bücher hat er stets einen Wunsch für die Leser ausgesprochen. Vielleicht hätte er im Blick auf das Bildwort vom MORGENSTERN geschrieben, daß sich die Hoffnung als Grundkraft des Lebens und Glaubens neu entzünden und stärken möge – im Lebensraum der Kirche! Das ist auch der Wunsch und die Hoffnung im Gedenken an ihn, daß der Herr ihm den Morgenstern gegeben hat!

Paul Deselaers

I

*Christusworte
der sieben Sendschreiben*

1

*Ich werfe dir aber vor,
daß du deine erste Liebe verlassen hast*

Offenbarung 2, 4

Dieses Wort des erhöhten Herrn steht im ersten der sieben Sendschreiben. Es ist an die Gemeinde in Ephesus gerichtet.

2 ¹ An den Engel der Gemeinde in Ephesus schreibe: So spricht Er, der die sieben Sterne in seiner Rechten hält und mitten unter den sieben goldenen Leuchtern einhergeht:
² Ich kenne deine Werke und deine Mühe und dein Ausharren; ich weiß: du kannst die Bösen nicht ertragen, du hast die auf die Probe gestellt, die sich Apostel nennen und es nicht sind, und hast sie als Lügner erkannt.
³ Du hast ausgeharrt und um meines Namens willen Schweres ertragen und bist nicht müde geworden.
⁴ Ich werfe dir aber vor, daß du deine erste Liebe verlassen hast.
⁵ Bedenke, aus welcher Höhe du gefallen bist. Kehr zurück zu deinen ersten Werken! Wenn du nicht umkehrst, werde ich kommen und deinen Leuchter von seiner Stelle wegrücken.
⁶ Doch für dich spricht: Du verabscheust das Treiben der Nikolaiten, das auch ich verabscheue. ⁷ Wer Ohren hat, der höre, was der Geist den Gemeinden sagt: Wer siegt, dem werde ich zu essen geben vom Baum des Lebens, der im Paradies Gottes (Gen 2, 9; Ez 31, 8) steht.

Die Gemeinde damals

Ephesus war eine der größten Städte des Römischen Reiches. Der Apostel Paulus hatte dort die christliche Gemeinde ins Leben gerufen und sie in drei Jahren gefestigt. Als er die Gemeinde verließ, sagte er ihr bei seinem Abschied: „Seid wachsam, und denkt daran, daß ich drei Jahre lang Tag und Nacht nicht aufgehört habe, unter Tränen jeden einzelnen zu ermahnen" (Apg 20, 31). Der Bericht schließt in bewegender Weise: „Nach diesen Worten kniete er nieder und betete mit ihnen allen. Und alle brachen in lautes Weinen aus, fielen Paulus um den Hals und küßten ihn" (Apg 20, 36-37).

Die kleine christliche Gemeinde lebte damals in einer erdrückenden heidnischen Umwelt. In der Stadt erhob sich das weltberühmte Wallfahrtsheiligtum der Göttin Artemis. Im 19. Kapitel der Apostelgeschichte erfahren wir in einem dramatischen Bericht etwas von dem durch Paulus verursachten Aufstand der Silberschmiede, die kleine silberne Artemistempelchen als Wallfahrtsandenken herstellten und die nun durch die wachsenden christlichen Gemeinden in Kleinasien sich in ihrem Geschäft bedroht sahen.

„So spricht Er, der die sieben Sterne in seiner Rechten hält und mitten unter den sieben goldenen Leuchtern einhergeht ...": Ist es so, daß Christus in seiner Rechten gleichsam den idealen Entwurf einer jeden Gemeinde hält: wohin sie reifen sollte! Und was jetzt schon leuchtet in der Gemeinde als Widerschein der Herrlichkeit des Herrn? Denn wie Sterne sollen die Gemeinden leuchten: „... damit ihr rein und ohne Tadel seid, Kinder Gottes ohne Makel mitten in einer verdorbenen und verwirrten Generation, unter der ihr leuchtet als Lichter in der Welt!" (Phil 2, 15).

Der Herr birgt gleichsam die Gemeinde in seiner Hand: welche Geborgenheit, aber auch welcher Anspruch! Wir denken an das Wort Christi im Johannesevangelium: „Niemand wird sie meiner Hand entreißen" (10, 28). Es ist ein Wort an Christen, die sich durch Verfolgung und Isolierung gefährdet wissen.

Der Herr geht einher unter den Gemeinden, er ist ihnen lebendig nahe; und indem er unter ihnen einhergeht, wird an ihnen offenbar, was in ihnen zum Leben hin ist oder zum Tode: so richtet er sie! „Ich kenne deine Werke ..."! Jedes Richten beginnt mit dem Unterscheiden.

Die Gemeinde in Ephesus empfängt großes Lob. Um so auffallender ist dann der Vorwurf: „Ich werfe dir aber vor, daß du deine erste Liebe verlassen hast!"

Die Gemeinde steht nach außen hin ohne Tadel da. Sie hat die Kraft des Ausdauerns („Du hast ausgeharrt ...") und der Geduld („Du hast um meines Namens willen Schweres ertragen und bist nicht müde geworden"); sie hält der Verführung stand und unterscheidet die Geister („Du kannst die Bösen nicht ertragen, du hast die auf die Probe gestellt, die sich Apostel nennen und es nicht sind").

Aber es fehlt der Gemeinde das Entscheidende: das Strahlende der ersten Liebe! Das Wort von der ersten Liebe geht zurück auf die Anfangszeit Israels. Damals als Israel durch die Wüste zog und ganz mit Jahwe leben wollte: da war die wunderbare Brautzeit, die Zeit der ersten Liebe, von der Jeremia spricht: „So spricht der Herr: Ich denke an deine Jugendtreue, an die Liebe deiner Brautzeit, wie du mir in der Wüste gefolgt bist, im Land ohne Aussaat" (2, 2).

Und nun wird der Gemeinde von Ephesus gesagt, daß sie die erste Liebe verloren hat. Sie lebt nicht mehr aus der lebendigen Mitte, die der Herr ist; sie lebt nicht mehr aus der Freude und Spontaneität dieser Liebe, aus der Freude, ihm, dem Herrn, zu gefallen, sich „für ihn zu schmücken". Sie ist „in Ordnung", aber sie strahlt nicht. Sie ist vielleicht bestens organisiert, aber es fehlt ihr die Anziehungskraft, die von daher kommt, daß sie selbst sich angezogen weiß von der überschwenglichen Liebe Gottes. Ihr gilt, was Paulus im Hohen Lied der Liebe sagt: „Wenn ich in den Sprachen der Menschen und Engel redete, hätte aber die Liebe nicht, wäre ich ein dröhnendes Erz oder eine lärmende Pauke. Und wenn ich prophetisch reden könnte und alle Geheimnisse wüßte und alle Erkenntnis hätte; wenn ich alle Glaubenskraft besäße und Berge damit versetzen könnte, hätte aber die Liebe nicht, wäre ich nichts ..." (1 Kor 13).

Eine Gemeinde, gut gefügt, aber ohne Flamme, ohne Leidenschaft für Ihn! Es gibt einen Buchtitel „Verlust der Mitte" – gibt es eine Gemeinde, von der das gesagt werden muß?

„Bedenke, aus welcher Höhe du gefallen bist!" – noch ist es Zeit! Noch liegt tief eine Erinnerung an die Anfangsliebe in der Seele dieser Gemeinde. „Kehr zurück!": zu Christus, dem Herrn der Gemeinde. Kehr zurück zu einem neuen Leben mit Ihm!

Ich und wir im Licht und Gericht dieses Wortes

Die Worte des Sendschreibens sind an die Gemeinde, an die Kirche gerichtet. Aber dürfen wir sie nicht auch hören als Botschaft an jeden einzelnen von uns? Sind wir nicht Glieder der Gemeinde? Bildet sich nicht die Gemeinde aus einzelnen?

Diese Worte sind von dem Engel der Gemeinde geschrieben: Sie wollen das Gute, das Lichte in der Gemeinde, in mir ansprechen! So wollen wir auch dieses Wort hören: Es meint *mich!* „Ich werfe dir aber vor, daß du deine erste Liebe verlassen hast"!

Wir erfahren: Es genügt nicht Korrektheit, In-Ordnung-Sein, Intaktsein in Sitte und Lehre. Es kann sein, daß nach außen hin alles in Ordnung ist, daß vieles ins Werk gesetzt wird – und doch kann die Gefahr bestehen, daß der Leuchter von seiner Stelle gerückt wird, daß das Licht erlischt. Daß die Gemeinde, daß der Christ nicht mehr aus der lebendigen Mitte her leuchtet.

Da wird viel Lobenswertes von der Gemeinde gesagt; aber was ist es denn, was in den Augen des erhöhten Herrn all dem erst Wert verleiht? Nicht noch ein weiteres Werk hinzu, nicht noch eine neue Initiative hinzu. Es ist vielmehr eine Art „Spurenelement", ein Ferment, das durch alles hindurchgeht und alles beseelt.

Was ist das: „erste Liebe"? Man erkennt sie in der Anfangsliebe zweier Menschen, diese Liebe, in der die Sprache des Herzens gesprochen wird, selbst im schweigenden Miteinandersein. Diese Liebe, in der der eine nicht ohne den anderen sein kann; die nur auf das Glücklichsein des anderen sinnt und dafür alles hergibt, ohne zu zählen, ohne zu rechnen; die „töricht" sein kann in den Augen anderer.

Theresia von Lisieux hat einmal – in negativer Sicht – es so gesagt, was sie empfindet als erste Liebe: „Wenn ich untreu würde, *nur eine leiseste Untreue beginge* – ich müßte es mit schrecklichen Verstörungen büßen, und ich könnte den Tod nicht mehr annehmen."

Diese erste Liebe braucht nicht ein Gefühl zu sein, so wie es zwischen Liebenden ist. Sie kann eine tiefe, aus der Mitte, aus dem Herzen kommende Entscheidung sein.

Alfred Delp, 1945 hingerichtet, hat 1938 in Feldkirch die großen dreißigtägigen Exerzitien gemacht. In den Aufzeichnungen, die er damals gemacht hat, heißt es: „Gott ernst nehmen: vielleicht ist das meine Formel. Ernst nehmen: seine Gnade, seine Güte, sein Vertrauen, seine Ordnung, seinen Auftrag, seine Berufung, seine Menschen." Dieses Wort „Gott ernst nehmen" kommt immer wieder in diesen Aufzeichnungen vor. Gleich der erste Satz lautet: „Gott hat es ernstlich mit mir zu tun, und ich muß es ernsthaft mit ihm zu tun haben. Er muß mehr in meinem Leben zur Geltung kommen ... Beten: es persönlich mit Gott zu tun haben. Das muß das Hauptereignis dieser Exerzitien sein. Ich will darum beten, *daß ich Freude haben darf an Gott ...*". Gegen Ende seiner Exerzitien schreibt er: „Kurze Zusammenfassung des vorher Geschriebenen. Die Grundhaltungen meines künftigen Lebens: Gott ernst nehmen – ein großes Herz haben und echt sein vor ihm – ernst nehmen und großmütig bejahen." Ob solche Worte nicht ein Ausdruck der Sehnsucht nach der ersten Liebe sind?

Aus der Kraft der ersten Liebe kommt das Wort, das in der „Nachfolge Christi" von Thomas von Kempen steht: „Gib das Ganze für das Ganze" (III 37). Wie ein Zugang zu diesem Wort kann eine morgenländische Legende (von Rabindranath Tagore) sein:

„Bei Bettlern betteln"

Ich ging als Bettler von Tür zu Tür die Dorfstraße entlang. Da erschien in der Ferne dein goldener Wagen wie ein schimmernder Traum, und ich fragte mich, wer dieser König der Könige sei. Hoffnung stieg in mir auf: die schlimmen Tage schienen vorüber; ich erwartete Almosen, die geboten wurden, ohne daß man um sie bat, und Reichtümer, die in den Sand gestreut wurden. Der Wagen hielt an, wo ich stand. Dein Blick fiel auf mich, und mit einem Lächeln stiegest du aus. Endlich fühlte ich mein Lebensglück kommen. Dann strecktest du plötzlich die rechte Hand aus und sagtest: ‚Was hast du mir zu schenken?' Welch königlicher Scherz war das, bei einem Bettler zu betteln! Ich war verlegen, stand unentschlossen da, nahm schließlich aus meinem Beutel ein winziges Reiskorn und gab es dir. Doch wie groß war mein Erstaunen, als ich am Abend meinen Beutel umdrehte und zwischen dem wertlosen Plunder das kleine Korn wiederfand – zu Gold verwandelt. Da habe ich bitterlich geweint, und es tat mir leid, daß ich nicht den Mut gefunden hatte, dir mein Alles zu geben.

(Aus: Hubertus Halbfas, Der Sprung in den Brunnen. Eine Gebetsschule, Düsseldorf 1981, S. 169).

„Ich werfe dir aber vor, daß du deine erste Liebe verlassen hast." Wir wollen dieses Wort nicht nur als Vorwurf und Anklage hören, sondern auch als sehnsuchtsvolle Einladung des Herrn an uns, die erste Liebe neu in uns zu erwecken. Wir wollen mit Dankbarkeit auf den Weg zurückschauen, den wir mit Christus gegangen sind; wir wollen *betend* eine neue, aus dem Herzen kommende Liebeserklärung suchen. Sie darf geschehen auf dem Hintergrund all unseres Versagens, all unserer Herzensvergeßlichkeit, ja all unserer Untreue. So wie Simon Petrus auf dem Hintergrund seiner Schuld seine Liebeserklärung sprach als Wort seiner ersten Liebe: „Herr, du weißt alles, du weißt auch, daß ich dich liebe."

– Ich habe einmal mehrere Gesprächspartner gefragt, was sie unter dem Wort „erste Liebe" verstehen.

– Eine Frau, die dreißig Jahre verheiratet ist, sagte: „In der Ehe ist das: aufmerksam sein auf das, was der andere lieber hat. Und so auch Gott gegenüber!"

– Ein Mann, jenseits der Lebensmitte: „Liebe muß Treue werden!"

– Eine 45jährige Frau: „Als ich mit zwanzig Jahren ins

Kloster eintrat, war für mich alles transparent auf Gott hin, alles war Gleichnis. Man kann das verlieren; man muß es wachhalten!"
– Ein Theologiestudent: „Die Begeisterung wachhalten für meinen Weg. Im Evangelium wird sie immer neu erweckt; da lerne ich Ihn kennen und lieben!"
– Ein Priester: „Ob noch ein Schimmer der ersten Liebe in mir ist, erkenne ich daran, daß ich immer wieder offen bin zu den Menschen hin, offen für das Wunder Mensch! Daß im Menschen immer wieder das ganz Neue auf mich zukommt (s. dazu: M. L. Kaschnitz, „Immer noch offen").
– Dem Wort von der ‚ersten Liebe' ist das Gleichnis von den törichten und klugen Jungfrauen verwandt (Mt 25, 1–13). Dem „Ich werfe dir vor" entspricht, daß die törichten Jungfrauen von der Hochzeit ausgeschlossen werden. Was ist die erste Liebe? Was ist das Verlassen der ersten Liebe, wie es sich an den törichten Jungfrauen zeigt? Sie tun ja zunächst alles: Sie bereiten sich gewissenhaft auf ihren Dienst als Brautjungfern vor. Sie nehmen ihren Dienst ernst. Sie haben die Lampen bei sich, sie haben das Öl nicht vergessen, sie stehen bereit. Sie putzen die Lampen, als endlich der Bräutigam kommt. Auch laufen sie zum Händler, als sie merken, daß das Öl nicht reicht. Sie wollen das Beste.

Und doch verpassen sie den Augenblick, auf den es ankommt. Das ist wohl: Sie haben die Verspätung des Bräutigams nicht miteinbezogen! Sie haben den Glauben nicht wachsen lassen in der Wartezeit, sie haben die Spannung der Hoffnung aufgelöst. Glaube und Hoffnung wollen hier und jetzt gelebt sein. Darum sind sie letztlich nicht mehr teilbar, wie die törichten Jungfrauen erfahren müssen. Darum „Seid also wachsam!" Es ist noch nicht Hoch-zeit! Die ‚erste Liebe' ist das Ausgespanntsein, das Entgegengehen in Sehnsucht und Hoffnung.

Vielleicht kann die ‚erste Liebe' auch eine Gestalt bekommen, wie sie sich im Gebet eines Trappisten andeutet:

> Als du anfingst mit mir,
> da glaubte ich zu verstehen,
> mein Gott.
> Ich glaubte dich zu verstehen
> und ich glaubte
> mich zu verstehen
> und ich glaubte meine Berufung zu verstehen.
>
> Was vermochte ich
> den anderen nicht alles zu sagen
> über dich, über mich
> und über meinen Beruf!
> Aber je länger ich unterwegs bin,
> desto weniger verstehe ich.
> Du zerschlägst mir einen Begriff
> und ein Bild um das andere.
> Alles zerrinnt mir:
> Du zerrinnst und wirst mir
> immer unfaßbarer und namenloser,
> ich zerrinne
> und verblute und verdorre,
> und alle meine Gründe
> und Rechtfertigungen und Argumente
> zerrinnen.
> Was bleibt,
> ist Verstummen und Schweigen
> und Nichtbegreifen.
> Ich habe mich gelöst
> aus all meinen Sicherheiten,
> bin von allem fortgegangen
> in einem törichten Leichtsinn der Liebe.
> Und immer noch bin ich nirgends angekommen.

Ich tappe in der Nacht.
Ich irre im leeren Raum.
Ich taste mich im Finstern
entlang am unsichtbaren Geländer des Schicksals
deines Sohnes.
Ich esse in meiner Schwachheit
nichts als das trockene Brot deines Wortes.

Und doch:
Ich danke dir, daß du mich verführt hast.
Der Hunger und Durst nach dir
sind mir eine Nahrung,
die köstlicher schmeckt
als alle Gerichte der Menschen.
Und die Heimatlosigkeit
um deinetwillen
birgt mich sicherer
als irgendein irdisches Haus.

Ich danke dir,
daß du mich noch jeden Tag hast bestehen lassen.
Auch wenn ich den Weg nicht sehen kann,
hat sich noch aus jedem zögernd gesetzten Schritt
der nächste Schritt ergeben.

Trappist / Bundesrepublik Deutschland

Aus: Drutmar Cremer (Hg.), Sing mir das Lied meiner Erde. Bitten um den Geist, Würzburg 1978, S. 94f.

Erste Liebe – was ist das für mich? Ob sie sich nicht darin andeutet, daß es, durch alle Herzensvergeßlichkeit hindurch, durch alle Trübungen hindurch, mich zuletzt doch immer wieder zu sagen drängt: Ohne Dich kann ich nicht sein!

Im 1. Johannesbrief steht das Wort: „Nicht darin besteht die Liebe, daß wir Gott geliebt haben, sondern daß er uns geliebt hat" (4, 10) und: „Er hat uns *zuerst* geliebt" (4, 19). Wenn es so ist, dann wird deutlich, daß wir in uns die erste Liebe nicht „machen" können, sondern daß wir uns anwesend machen für die zuvorkommende Liebe Gottes, die immer schon zu uns hin da ist.

Wie kann ich mich anwesend machen, erreichbar machen für die zuvorkommende Liebe Gottes? Drei Wegweisungen: *Liebende Aufmerksamkeit auf den Anteil Gottes in allen Dingen, in allen Ereignissen.* Und: *Liebende Aufmerksamkeit zu meinem Nächsten hin!* („Wenn wir einander lieben, bleibt Gott in uns, und seine Liebe ist in uns vollendet" 1 Joh 4, 12). Diese liebende Aufmerksamkeit kann mich öffnen für Gottes Liebe, und sie ist es, die in mir die Antwort der ersten Liebe erweckt.

In äußerster Gestalt hat das z. B. Teresa von Ávila erfahren. Einmal schreibt sie an ihren Beichtvater: Die Liebe in ihr wachse mit überwältigender Macht, „ein solches Sichverzehren nach Gott, daß ich mir nicht mehr zu helfen weiß. Ich denke dann, mein Leben geht zu Ende, ich schreie auf und rufe Gott und bin ganz außer mir. Manchmal kann ich nicht mehr sitzen bleiben, so stark fällt es mich an, eine Qual, die ich nicht herbeirief, so innig, daß die Seele sie nicht missen möchte, so lange sie lebt" (in: Erika Lorenz, Ein Pfad im Wegelosen, Freiburg 1986, S. 84).

Die dritte Wegweisung: Die Liebe Gottes, die immer schon zu uns hin da ist, hat eine konkrete Gestalt angenommen: die Offenbarung des Wortes! Des Wortes, das in Jesus Christus Mensch geworden ist. „Die Liebe Gottes wurde unter uns dadurch offenbart, daß Gott seinen einzigen Sohn in die Welt gesandt hat, damit wir durch ihn leben" (1 Joh 4, 9). Und so ergibt sich als dritte Wegweisung: *Liebende Aufmerksamkeit auf den Jesus Christus des Evangeliums!*

Freiheit, in Erfahrung im Glauben: ich bin von Gott

geliebt!, kann ich nur machen, wenn ich zu den „Kleinen" gehöre: „Ich preise dich, Vater, Herr des Himmels und der Erde, weil du all das den Weisen und Klugen verborgen, den Kleinen aber offenbart hast. Ja, Vater, so hat es dir gefallen" (Mt 11,25 – 26).

Zur Besinnung

1. Erste Liebe – was ist das für mich, jetzt in dieser Lebensstunde?
2. Welche der drei obengenannten Wegweisungen kann für mich gegenwärtig Schwerpunkt sein?
3. *Betende* Antwort auf das Wort des erhöhten Herrn.

2

„Ich kenne deine Bedrängnis und deine Armut; und doch bist du reich"

Offenbarung 2, 9

Dieses Wort des erhöhten Herrn steht im Sendschreiben an die Gemeinde von Smyrna.

2 ⁸ An den Engel der Gemeinde in Smyrna schreibe: So spricht Er, der Erste und der Letzte (Jes 44, 6), der tot war und wieder lebendig wurde:
⁹ Ich kenne deine Bedrängnis und deine Armut; und doch bist du reich. Und ich weiß, daß du von solchen geschmäht wirst, die sich als Juden ausgeben; sie sind es aber nicht, sondern sind eine Synagoge des Satans.
¹⁰ Fürchte dich nicht vor dem, was du noch erleiden mußt. Der Teufel wird einige von euch ins Gefängnis werfen, um euch auf die Probe zu stellen, und ihr werdet in Bedrängnis sein, zehn Tage lang (Dan 1, 12.14). Sei treu bis in den Tod; dann werde ich dir den Kranz des Lebens geben.
¹¹ Wer Ohren hat, der höre, was der Geist den Gemeinden sagt: Wer siegt, dem kann der zweite Tod nichts anhaben.

Die Gemeinde damals

Smyrna ist das heutige Izmir. Es war damals eine reiche Hafenstadt. Aber die kleine Christengemeinde war arm, die Gemeinde der kleinen Leute, eingeschüchtert von den sie bedrohenden Bedrängnissen. In ihrer Schwachheit fürchtet sie, nicht bestehen zu können. Und dieser Gemeinde gibt der Herr die Zusage: Du bist reich!

Fürchte dich nicht! Wir erfahren nicht ausdrücklich, worin der Reichtum dieser armen Gemeinde besteht, aber wir spüren, daß dieser Reichtum in der Armut und in den Bedrängnissen etwas zu tun hat mit dem Leben von Gott her: der „Kranz des Lebens"!

Es ist bemerkenswert, daß diese Gemeinde, deren Prägung Armut und Bedrängnis ist, mit der Gemeinde von Philadelphia die einzige ist, die nur Lob empfängt!

Sie steht in bedrängender Spannung zu der einflußreichen jüdischen Gemeinde der Stadt. Die jüdische Religion erfuhr im römischen Reich damals einen einzigartigen Schutz. Anfangs galten die Christengemeinden für die römische Behörde als ein Zweig des Judentums und genossen so den Schutz einer erlaubten Religion. Als dann aber immer deutlicher wurde, daß die Christen einen neuen Weg (s. Apg 9,2 u.ö.) gingen, steigerten sich die Spannungen sowohl zur jüdischen Gemeinde wie auch zur römischen Behörde. (In der Mitte des 2. Jahrhunderts starb der Bischof Polykarp aus Smyrna den Martyrertod.) „Die Gemeinde von Smyrna bleibt das Vorbild einer Kirche, die gerade in Zeiten äußerer Armut und Unterdrückung die alles überwindende Kraft des Glaubens erweist" (Vögtle).

Nach außen hin scheint die Gemeinde keine Zukunftschancen zu haben. Aber der Herr sagt ihr: „Ich weiß": Die Bedrängnis ist umgriffen vom „Wissen" des Herrn wie von einem Mantel der Geborgenheit. Er trägt ihre Armut und Not mit. Und er setzt ihrer Bedrängnis einmal ein Ende („zehn Tage"). Auch wenn es machmal so aussieht, als kümmere er sich nicht um seine bedrängte Gemeinde: aber er „weiß"!

„Fürchte dich nicht" – ich habe einmal gehört, daß dieses Wort 365mal in der Bibel vorkommt: für jeden

Tag des Jahres gleichsam dieser Zuspruch! In die Todesbedrohung hinein („Sei treu bis in den Tod") tröstet „der Kranz des Lebens". Den Kranz des Lebens verbürgt der, „der tot war und wieder lebendig wurde", der also selber durch den Tod hindurch die Auferstehung zum Leben erfahren hat.

Mit Smyrna ist eine Kirche, sind Christen angesprochen, die sich durch schwere Schicksalsprüfungen hindurch den Auferstehungsglauben bewahren müssen.

Ich und wir im Licht und Gericht dieses Wortes

„Ich kenne deine Bedrängnis und deine Armut, und doch bist du reich!"

Wir denken zuerst an unsere Kirche, unsere Gemeinde. Ist das Armut? Keine materielle Armut; aber Bedrängnis? Nicht äußere Verfolgung, hier bei uns. Aber doch eine Bedrängnis, die von vielen, die mit der Kirche leben, schmerzlich gespürt wird: der Glaubensschwund, die Woge von Säkularismus. Das Schwinden des Sinnes für das Mysterium (s. Karl Pfleger: „Nur das Mysterium tröstet!"). Die Bedrängnis, die von den Glaubenden schmerzlich gespürt wird, daß Gott nicht mehr die Ehre gegeben wird, daß die Anbetung Gottes vergessen wird. Daß die Gemeinde der an Christus Glaubenden und das Mysterium seines Todes und seiner Auferstehung Feiernden zur verschwindenden kleinen Schar im Meer der Glaubensvergessenheit wird.

Wir denken an den einzelnen. Was erlebe ich als meine Bedrängnis? Als meine Armut? Als meine Bedürftigkeit? Was steigt in mir als *meine* Armut auf, „wenn ich mich nachts zurückziehe in meines Herzens letzte ärmste Kammer" (Rilke, Requiem)?

Ist es die Einsamkeit?

„O Einsamkeit, o schweres Zeitverbringen ...
O Trauer ohne Sinn, o Traum, o Grauen,
O Tiefe ohne Grund.
O Angst, o Last ..." (Rilke).

Ist es die Angst vor einer letzten metaphysischen Heimatlosigkeit?

„Wo kam ich her – wo komm ich hin?
Weiß nichts von Ziel und Anbeginn –
Ich trete hin im Sternenlicht –
Wer bin ich, wenn die Zeit zerbricht?" (G. von le Fort)

Ist es die schmerzliche Erfahrung meiner Grenzen?

Die ständige Lebensüberforderung?

Die Erkenntnis der Verschattung meines Lebens, die mich nicht frei aufleben läßt?

Das zunehmende Bewußtsein der leeren Hände? All das Versäumte?

Die unaufholbare Schuld in all den Liebesverweigerungen meines Lebens?

Der Armseligkeit meines Christseins, die Unbeholfenheit meines christlichen Zeugnisses?

Es gibt ein Wort des großen Mystikers und Wüstenvaters Evagrius Ponticus (c. 345–399), das heißt: „Die Selbstanklage ist der Beginn des Heiles." Das Eingeständnis der eigenen Armut und Bedrängnis ist der Beginn des Heiles. Mönchsleben ist für Evagrius die konsequente Verwirklichung des Christenlebens. Er sieht es als weiten Weg. Am Beginn dieses Weges steht die Entdeckung, grundlegend verwiesen zu sein. Diese Entdeckung, die angesichts der Güte Gottes erst in ihrer Tragweite wahrgenommen werden kann, ist eine geistliche Erschütterung. Selbst wenn mir die Richtung des Weges dabei klar aufgeht, bin ich doch nicht wie selbstverständlich in der Lage, das Gute zu wählen und das Schlechte zu meiden. Immer finde ich mich als gebrochenes, inkonsequentes Wesen vor, das mit etwas zu kämpfen hat, das ‚über mich kommt'. Im Eingeständnis dieser Grundsituation, und zwar im Eingeständnis zu Gott hin, werde ich frei für Gottes Kraft, die mir noch einmal neu die Größe Gottes und des Menschen offenbart und mich ausrichtet, mich nach anderem als mir selbst und der Erfüllung meiner Bedürfnisse auszustrecken. Dieser Weg ist schwer, gleich ob ich auf diese Spur stoße oder in einem langen Prozeß dahingebracht werde. Darum braucht dieser Weg eine starke Rückendeckung. Das Wort des erhöhten Herrn erweist es.

Auf diesem Hintergrund steht da das Wort des Herrn:

„Ich kenne deine Bedrängnis und deine Armut; und doch bist du reich!"

Meine Geschichte und mein Christsein mitten in einer säkularisierten Umwelt sind umfangen von seinem Wissen: „Ich kenne ...!" Und darin sind sie gehalten. Sie leben in seinem Blick. Das zugrundeliegende Wort meint von seiner Geschichte vor allem auch aus der hebräischen Sprache her weit mehr als eine Merkfähigkeit. ‚Kennen' – das ist ein Anteilnehmen am Geschick des anderen, ist ein leibhaftiges Engagement für das Lebensglück des anderen Menschen. Zwischen Menschen umschließt es so auch die eheliche Gemeinschaft. Wenn es von Gott ausgesagt wird in Beziehung zum Menschen, umschließt es geradezu eine Neuschöpfung zum Leben hin. Ist das nicht mein Reichtum? Daß ich nicht ‚übersehen' bin inmitten von Milliarden von Menschen! Daß ich ‚wahr-genommen' bin! Daß da einer sagt: ‚Ich kenne ...'!

„Du bist reich", das steht im Präsens! Es ist Gegenwart! Das ist schöpferischer Zuspruch von Ihm her. Diesen Zuspruch in sich einlassen im Schweigen des Gebetes!

„... und doch bist du reich": weil Armut und Armseligkeit umschlossen sind von dem, der „der Erste und der Letzte ist", „der tot war und wieder lebendig wurde". Der Reichtum: weil mir inmitten der Orientierungslosigkeit unserer Zeit der Glaube geschenkt ist: Christus ist *der* Retter! Er, der allein mit letzter Wahrhaftigkeit und Wirksamkeit mir sagen kann: „Fürchte dich nicht!"

Wird hier nicht zu schnell ein Einvernehmen mit der verletzenden Realität vorausgesetzt? Vielleicht läßt sich zweierlei in eine Antwortrichtung hinein sagen. Einmal aus dem Buch Ijob im Alten Testament. Ijob, der im Leid geradezu zerborsten ist, erhebt schwere Vorwürfe gegen Gott: Die Welt sei ein Chaos und in der Hand eines Verbrechers (s. Ijob 3,23; 9,24). In den Gottesreden (Kap. 38 ff) werden diese Vorwürfe aufgenommen. Dabei wird Gottes Macht herausgestellt, doch wird sie zugleich als seine Verantwortung für die Menschen und die Schöpfung durchsichtig. Das bedeutet: Alles, was Ijob begegnet ist und ihm begegnen wird, verantwortet Gott. In dieser Verantwortung ist er der solidarische, mitleidende Jahwe-Gott, der nicht fertig ist mit dem Leid und der Not. Er läßt sich vielmehr in Mitleidenschaft ziehen, bis zur Vollendung der Welt. Er ist selbst im Kampf mit den Chaosmächten. Damit der Mensch an ihnen nicht verzweifelt, bietet Gott ihm die Gemeinschaft mit ihm an. Daraus schließlich erwächst jedes „Fürchte dich nicht" als Zusage seiner Gemeinschaft. Zum anderen gibt es Erfahrungen einzelner, die der Entstehung der Perle ähneln. Da kommt etwa ein scharfes Sandkorn in die Weichteile einer Muschel. Das kann tödlich ausgehen.

Es kann aber auch anders gehen: Aus Notwehr gegen das scharfe, schmerzende Etwas bildet die Muschel diesen kostbaren Stoff, der langsam zur Perle heranreift. Kostbares kann aus Wunden entstehen, wo sie angenommen werden. *Die* Kostbarkeit ist die Gemeinschaft mit Gott in Jesus Christus, die uns geschenkt wird.

Eine Frau, deren Leben von mancher Zerbrochenheit heimgesucht ist, schrieb mir, daß in ihrem leidvollen Leben eines sie trüge, eines sozusagen ihr innerer Reichtum sei: Sie habe die Gnade erhalten, ganz der Zusage des Herrn vertrauen zu können: Ich verantworte dich! Ihr Leben hänge allein an dieser Zusage. Sie schreibt: „Das Wort von Ihm her: Ich verantworte dich! war eines Tages ganz stark in meinem Innern da als etwas überaus Gewisses und Beglückendes. Erst nachher, nachdem es fraglos aufgeleuchtet war, fing das Nachdenken an, etwa: Wie soll der Herr sich denn verantworten müssen und vor wem? Ich habe, so schrieb sie, diese Zusage so verstanden: „Ich verantworte dich": vor Gott dem Vater. Ich werde vor ihm dein Fürsprecher sein! Und: „Ich verantworte dich": vor dir selbst! Ich nehme dich an mit deinem ganzen Wesen, mit deiner Geschichte. Ich gebe dir das Recht, vor mir zu „fordern": Sei mir ein liebender Gott! Und: „Ich verantworte dich": vor den Menschen! Ich trage mit dir deine Ängste, deine Grenzen, deine Schwächen. Du brauchst nicht *ängstlich* besorgt zu sein, Bestätigung bei den Menschen zu finden; du brauchst nicht *unbedingt* die Bestätigung von den Menschen, um leben zu können: Ich verantworte dich! Du mußt nur eines suchen: mir ganz zu vertrauen! Dieses „Ich verantworte dich" von Christus her zu erfahren: das ist für diese Frau *der* Reichtum in ihrem Armsein.

Zur Besinnung

1. Was erfahre ich – als Christ – als meine Bedrängnis, als meine Armut?
2. „Und doch bist du reich": Wie erfahre ich das in meinem Glauben?
3. Dieses Wort des erhöhten Herrn *betend* in sich einlassen.

Es sei noch hingewiesen auf eine Geschichte aus dem Buch von Michael Ende „Der Spiegel im Spiegel" (Stuttgart 1984, S. 67–72); diese verschlüsselte Geschichte kann uns vielleicht sagen, was *die* Armut ist und was *der* Reichtum sein könnte. Die Armut: der Verlust des *Wortes!* Der Reichtum: das wiedergewonnene *Wort*.

3

*„Ich werde ihm einen weißen Stein geben,
und auf dem Stein steht ein neuer Name,
den nur der kennt, der ihn empfängt"*

Offenbarung 2, 17

Dieses Wort des erhöhten Herrn steht im Sendschreiben an die Gemeinde von Pergamon.

2 *¹² An den Engel der Gemeinde in Pergamon schreibe: So spricht Er, der das scharfe, zweischneidige Schwert trägt:*
¹³ Ich weiß, wo du wohnst, es ist dort, wo der Thron des Satans steht. Und doch hältst du an meinem Namen fest und hast den Glauben an mich nicht verleugnet, auch nicht in den Tagen, als Antipas, mein treuer Zeuge, bei euch getötet wurde, dort, wo der Satan wohnt.
¹⁴ Aber ich habe etwas gegen dich: Bei dir gibt es Leute, die an der Lehre Bileams festhalten; Bileam lehrte Balak, er solle die Israeliten dazu verführen, Fleisch zu essen, das den Götzen geweiht war, und Unzucht zu treiben.
¹⁵ So gibt es auch bei dir Leute, die in gleicher Weise an der Lehre der Nikolaiten festhalten.
¹⁶ Kehr nun um! Sonst komme ich bald und werde sie mit dem Schwert aus meinem Mund bekämpfen.
¹⁷ Wer Ohren hat, der höre, was der Geist den Gemeinden sagt. Wer siegt, dem werde ich von dem verborgenen Manna geben. Ich werde ihm einen weißen Stein geben, und auf dem Stein steht ein neuer Name, den nur der kennt, der ihn empfängt.

Die Gemeinde damals

Pergamon, auf einem Bergkegel gelegen, war in der Antike berühmt wegen seiner Bibliothek (200 000 Schriftrollen); das Pergament hat von dieser Stadt seinen Namen. Neben dem großen Zeusaltar (heute in Ost-Berlin) und einem Augustustempel barg es auch das weltberühmte Asklepios-Heiligtum, dem Gott der Heilkunst geweiht. In der frühen Kirche gab es eine lange Auseinandersetzung mit der heidnischen Umwelt darüber, wer der wahre Arzt und Heiland ist: Jesus von Nazaret oder Asklepios, der griechische Heilgott, dessen Lebenszeichen ‚Stab und Schlange' die Ärzte noch heute in ihrem Wappen tragen. Der Kult des Asklepios war schon zu Beginn des 3. Jahrhunderts v. Chr. in Rom eingeführt worden und hat sich dann später im ganzen römischen Reich verbreitet. Asklepios wurde als Nothelfer angerufen. Immer wieder wird er als sonnenhaft aus der Dunkelheit aufleuchtende Gottheit, die auf einer Schlange reitet, dargestellt. Von seinem Vater Zeus war er tödlich verwundet worden, weil er zuviel von der Heilkunst verstand und somit das Gefüge der Welt auseinanderzubrechen drohte. Das hat Asklepios den Menschen nahegebracht. Deshalb fühlten sie sich ihm verbunden. Mit ihm verknüpft ist das Wissen um eine unheilbare Wunde, an der der Arzt selber mitleidet. Deswegen aber ist der Arzt Asklepios selbst in der Lage, sich in die Wunden der Menschen hineinzuspüren und überraschend zu heilen. Überall hat der Kult des Asklepios eine starke Faszination ausgeübt, eben auch in Pergamon. Er ruft die religiösen Sehnsüchte der Menschen wach. In dieser Stadt mit den ragenden Tempelbauten und ihrem aufwendigen heidnisch-kultischen Leben war die kleine

Christengemeinde eine verschwindende Minderheit. Dazu noch geradezu eingekreist von attraktiven heidnischen Kultstätten. Sie lebt in einer bedrängenden Situation. In der Stadt erhebt sich „der Thron Satans". Damit ist aber nicht das Asklepios-Heiligtum, sondern entweder der Zeusaltar (der „Pergamonaltar") gemeint oder das Augustus-Heiligtum. Pergamon bekam als erste Stadt der Provinz Asia die Erlaubnis, einen Tempel zur Verehrung des noch lebenden Kaisers zu bauen. So war gerade in dieser Stadt die jungen Christengemeinde herausgefordert, zum Kaiserkult Stellung zu nehmen. Christus, der zu ihr spricht, „trägt das scharfe, zweischneidige Schwert": Es geht um Scheidung und Entscheidung, ohne Kompromisse. Ein erster Martyrer, Antipas, ist Zeuge dieser christlichen Entschiedenheit.

„Ich weiß, wo du wohnst": in der Gefahrenzone der großen Versuchung. Aber in Wirklichkeit ist sie beheimatet in „seinem Namen", an dem sie festhält. Und der Name, das ist er, Christus, selbst.

Zwar gibt es einige in der Gemeinde (vgl. V. 14), die bereit sind, Konzessionen zu machen, aber sie werden mit großem Ernst zur Umkehr gemahnt.

Denen aber, die treu bleiben, wird die große Verheißung zugesprochen, auf die sich unser Blick richtet: „Ich werde ihm einen weißen Stein geben, und auf dem Stein steht ein neuer Name, den nur der kennt, der ihn empfängt."

Man hat darauf hingewiesen, daß damals in den griechischen Wettkämpfen dem Sieger ein weißes Marmortäfelchen gegeben wurde, auf dem sein Name eingelassen war. Eher ist zu denken, daß in diesem Bildwort angespielt wird auf den heidnischen Brauch, ein Amulett bei sich zu tragen, auf dem der Name eines Schutzgottes eingeschrieben ist. Der treue Christ aber empfängt den Namen Christi: Er ist sein Schutz und sein Lohn.

Dieses kostbare Bildwort unserer Glaubenstradition erfährt heute zunehmend wieder Beachtung, jedoch nicht in einer Weise, die dem biblischen Ursprung entspricht. Es hat geradezu Hochkonjunktur in esoterischen Kreisen, wo es oftmals magische Bedeutung erhält. Deswegen wird das Anliegen des Sendschreibens an die Christengemeinde in Pergamon so drängend: die Unterscheidung der Geister. Damit unsere Hoffnung nicht verwässert wird!

Ich und wir im Licht und Gericht dieses Wortes

Die Gemeinde von Pergamon lebt in einer versucherischen Umwelt. Christus sagt: „Ich weiß, wo du wohnst; es ist dort, wo der Thron Satans steht." Dieses Wort ist der Gemeinde und dem einzelnen bleibend zugesprochen. Er weiß, in welchem Umfeld seine Kirche, seine Gemeinde lebt. Mitten in einer Welt, über die eine Woge von Säkularismus geht, die Gott vergessen läßt, eine selbstmächtige Welt, die aus sich heraus leben will. Eine Welt mit einem faszinierenden Angebot. Die Bedrohung des Glaubens ist schleichend-lebensbedrohend. Die Gefahr einer falschen Anpassung, der sich steigernden Konzessionen; ein unmerkliches Verwischen des klaren Bekenntnisses im Meer des Pluralismus.

Und Christus sagt: „Ich weiß, wo du wohnst; es ist dort, wo der Thron Satans steht. Und doch hältst du an meinem Namen fest!" Und dann, nach diesem bergenden „Ich weiß" spricht Christus dem, der treu bleibt, eine wunderbare Verheißung zu: „Wer siegt, dem werde ich einen weißen Stein geben, und auf dem Stein steht ein neuer Name, den nur der kennt, der ihn empfängt" (Offb 2, 17).

Was ist der neue Name auf dem weißen Stein? Es ist der Name Christi, der nun eins wird mit dem Namen des treuen Christen. Der Name Christi – und der Name ist das Wesen des Menschen – wird vom treuen Christen als *die* lebendige Wahrheit, als *die* Liebe erkannt, und dieser Name verwandelt den Namen des Christen: der so einen neuen Namen, ein neues Wesen empfängt: tiefste persönliche Gemeinschaft mit Christus. Christi Name wird mein Name! Der Name Christi und mein Name, mein Leben verbinden, verflechten sich zu einer Einheit: mein neuer Name! Letzte, geschenkte Beziehung: unvertauschbar.

Das Wort vom weißen Stein sagt, daß es zwischen Christus und den Christen eine letzte Intimität gibt, eine einzigartige, unübertragbare. Franz M. Moschner sagt in einem Brief (Gebetsführung): „Wenn man traurig wird, daß es trotz aller Liebe die letzte Verbindung zwischen Menschen nicht gibt, dann denke ich an das Bild in der Apokalypse Johannes': der neue Name auf dem weißen Stein. Es bleibt in allem das nur Gott und mir selbst bekannte Geheimnis meines Herzens: mein ‚Name'. Das ist mein und sein ureigenster Besitz. Dieses Allerletzte, was der Mensch nur mit Gott selbst als Geheimnis bewahrt, nenne ich ‚Jungfräulichkeit'. Er allein darf darüber verfügen. Es genügt mir, das zu wissen. Es ist überflüssig weiterzufragen: Wie er denn und warum er diese engste Gemeinschaft mit mir bewirkt und wie er dieses Mysterium für andere als Liebe gestaltet."

Der neue Name, den niemand kennt als nur der, der ihn empfängt, das ist nicht etwas Abgeschlossenes, Statisches, sondern Wachsendes. Wie in einer Freundschaft:

immer neue Erfahrungen, Bereicherungen. Aber das geht von Ihm aus: der neue Name ist Geschenk.

Was ist das: Freundschaft mit Christus? Was heißt das: Jesus Christus lieben? „Liebst du mich?" fragt er Simon Petrus. Und der antwortet: „Ja, Herr, du weißt, daß ich dich liebe."

Alfred Delp hat auch mit dieser Frage nach der Freundschaft mit Christus gerungen. In einer Notiz bemerkt er: „Persönliche Begegnung mit Christus ... Christus hat persönliche Beziehungen zu mir und persönliches Interesse an mir. Ich muß diesen Gedanken in meinem Leben mehr zur Geltung bringen. Ein persönliches Verhältnis zu Christus haben. Er ist nicht der unsichtbare Befehlshaber, sondern der Freund, der Kamerad, der Bruder ... Christus gern haben und vertrauen, daß er mich gern hat. Und diese Kräfte in meine Seele einströmen lassen."

Freundschaft mit Christus – gewiß kann sie nur gewährt werden, wie es bei jeder Freundschaft ist. So hat Simon Petrus es erfahren. Vielleicht erwächst sie bei uns aus der tiefen Überzeugung: Er ist der Einzige! So wie Dietrich Bonhoeffer es in einem Brief schrieb: „Immer wieder in dieser turbulenten Zeit verlieren wir aus dem Auge, warum es sich eigentlich zu leben lohnt. Wir meinen, weil dieser oder jener Mensch lebt, habe es auch für uns Sinn zu leben. In Wahrheit ist es aber doch so: Wenn die Erde gewürdigt wurde, den Menschen Jesus Christus zu tragen, wenn ein Mensch wie Jesus gelebt hat, dann und nur dann hat es für uns Menschen einen Sinn zu leben. Hätte Jesus nicht gelebt, dann wäre unser Leben trotz aller Menschen, die wir kennen, verehren und lieben, sinnlos ..."

Aus solcher Überzeugung – wer vermag sie heute

noch so auszusagen, wie Boenhoeffer es gewagt hat? – die Entscheidung, das eigene Leben immer mehr mit dem Seinen zu verflechten. Indem ich anfange – es ist immer nur wieder ein Anfangen –, das zu leben, was Er im Evangelium sagt, kann solche „Freundschaft" wachsen. Sie wird genährt von seinem Wort im Evangelium und vom Du-Gebet zu ihm.

Freundschaft mit Jesus Christus, Jesus Christus lieben – ist es ein Gefühl, eine Empfindung, wie sie zwischen Liebenden ist? Manchmal hat man den Eindruck, daß es in der mystischen Christuserfahrung so etwas gibt, freilich mehr in der Weise der Sehnsucht. Etwa wenn Mechthild von Magdeburg (gestorben um 1294) schreibt:

„So weh ist mir nach dir, o Herr! Nun will ich in der Treue harren. Vermagst du, Herr, es zu ertragen, dann laß mich lang in Sehnsucht nach dir gehen. Ich weiß es wohl, es muß doch, Herr, die erste Lust nach mir in dir entstehen!" Oder: „Herr, zwischen dir und mir sind alle Dinge schön!" „Nun will ich Wohnung nehmen in deinen Worten, die du sprachst und ich im Christenglauben hörte: Die mich lieb haben, die habe ich lieb! Zu ihnen wollen wir kommen, mein Vater und ich, und werden eine Wohnung mit ihnen haben! Wohl mir, mein Herr, deiner reichen Gaben!"

Der weiße Stein mit den neuen Namen: *mein* Leben mit Ihm. Und darin meine christliche Identität, mein Ganz-Sein, mein christliches Selbst-Sein. Reines Geschenk.

Mein Leben: das beginnt da, wo ich entdecke, daß ich selbst ein Herz, einen Verstand, ein Gewissen, eine Sprache, ein Stimmrecht habe, daß der Geist Gottes in mir seufzt und nach Veränderung der Verhältnisse drängt (Röm 8,22), daß ich eine Berufung habe, die zu entdekken und im Leben auszugestalten mir selbst aufgetragen ist. Mein eigenes Glück und mein Lebenssinn stehen auf dem Spiel. Unverwechselbar bin ich gemeint von Gott, unverwechselbar fragt er mich. Wo wir wagen, uns selbst in Gottes Namen und unter seinen Augen wichtig zu nehmen, werden wir nicht nur fähig, auch die anderen Menschen anzunehmen, sondern bereiten uns auch vor zu der Verwandlung, die uns empfänglich macht für den weißen Stein. Er ist ein Bild erfüllender Einheit mit Jesus Christus. Kein Verschlungenwerden, kein Drangehängtwerden, vielmehr ein in das Eigene Hineingeführtwerden – und darin die Einheit. Welchen stabileren Lebensgrund könnten wir finden als in dieser Verheißung?

Der große mittelalterliche Mystiker Nikolaus von Kues (1401-1464) schreibt in seiner Schrift ‚Vom Sehen Gottes' diese bewegenden Sätze:

„Gott, wie wirst du dich mir geben, wenn du mich nicht mir selbst gibst? – Wenn ich im Schweigen der Betrachtung ruhe, antwortest du mir, Herr, tief in meinem Herzen und sagst: *Sei du dein, und ich werde dein sein!* O Herr, du Beglückung in aller Wonne, du hast es zur Sache meiner Freiheit gemacht, daß ich mein sein kann, wenn ich es nur will. Gehöre ich nicht mir selbst, so gehörst auch du nicht mir. Du nötigst insofern meine Freiheit, da du nicht mein sein kannst, wenn ich nicht mein bin. Und weil du das in meine freie Entscheidung gelegt hast, nötigst du mich nicht, sondern erwartest, daß ich selbst erwähle, mir zu gehören." (Kap. 7)

In der Kirche von Taizé hängt die Nachbildung einer aus Ägypten stammenden Ikone aus dem 7. Jahrhundert. Sie zeigt Christus, der seinen rechten Arm auf die Schulter eines Jüngers namens Menas legt. So gehen sie beide miteinander den Weg.

Vielleicht kann dieses Bild etwas zum Ausdruck bringen von dem, was das Christuswort vom weißen Stein will: Mein Leben, mein Wesen verbindet, verflechtet sich mit ihm zu einer Einheit. Der Name Christi wird mein Name; erfahrene Verbundenheit, erfahrene Freundschaft. Liebende geben einander einen neuen Namen, aus der Liebe heraus.

Christus liebt nicht unpersönlich, allgemein. Er liebt dich und mich. Er wartet auf meine, auf deine Antwort.

Wenn wir die hl. Kommunion empfangen, dann ist es gewiß die Verbundenheit durch ihn mit den anderen Kommunizierenden: „ein Leib und ein Geist" (Eph 4,4), aber es ist auch dieses: Er und ich! Begegnung mit ihm, communio mit ihm!

Zur Besinnung

1. Ich höre dieses Wort des erhöhten Herrn auf mein Leben hin. Was erweckt es in mir? Welche Versuchungen legt es frei? Welche Hoffnungen entzündet es?
2. Meine Gebetsantwort auf dieses Wort.
3. Schweigen im Raum dieses Wortes.

4

„Ich werde ihm den Morgenstern geben"

Offenbarung 2, 28

Dieses Wort des erhöhten Herrn steht im Sendschreiben an die Gemeinde von Thyatira.

2 [18] An den Engel der Gemeinde in Thyatira schreibe: So spricht der Sohn Gottes, der Augen hat wie Feuerflammen und Beine wie Golderz:
[19] Ich kenne deine Werke, deine Liebe und deinen Glauben, dein Dienen und Ausharren, und ich weiß, daß du in letzter Zeit mehr getan hast als am Anfang.
[20] Aber ich werfe dir vor, daß du das Weib Isebel gewähren läßt; sie gibt sich als Prophetin aus und lehrt meine Knechte und verführt sie, Unzucht zu treiben und Fleisch zu essen, das den Götzen geweiht ist.
[21] Ich habe ihr Zeit gelassen umzukehren; sie aber will nicht umkehren und von ihrer Unzucht ablassen.
[22] Darum werfe ich sie auf das Krankenbett, und alle, die mit ihr Ehebruch treiben, bringe ich in große Bedrängnis, wenn sie sich nicht abkehren vom Treiben dieses Weibes. [23] Ihre Kinder werde ich töten, der Tod wird sie treffen, und alle Gemeinden werden erkennen, daß ich es bin, der Herz und Nieren prüft, und ich werde jedem von euch vergelten, wie es seine Taten verdienen.
[24] Aber euch übrigen in Thyatira, denen, die dieser Lehre nicht folgen, und die „Tiefen des Satans", wie sie es nennen, nicht erkannt haben, euch sage ich: Ich lege euch keine andere Last auf.
[25] Aber was ihr habt, das haltet fest, bis ich komme.
[26] Wer siegt und bis zum Ende an den Werken festhält, die ich gebiete, dem werde ich Macht über die Völker geben. [27] Er wird

über sie herrschen mit eisernem Zepter und sie zerschlagen wie Tongeschirr; [28] *(und ich werde ihm diese Macht geben,) wie auch ich sie von meinem Vater empfangen habe, und ich werde ihm den Morgenstern geben.*
[29] *Wer Ohren hat, der höre, was der Geist den Gemeinden sagt.*

Die Gemeinde damals

Diese Gemeinde in der Kleinstadt Thyatira erhält das längste der sieben Sendschreiben. Aus der Apostelgeschichte wissen wir, daß die Purpurhändlerin Lydia, die in Philippi Paulus in ihr Haus aufnahm, aus Thyatira stammte (vgl. Apg 16, 11 – 15). Purpur war kostbar. Denn der Farbstoff mußte aus Tausenden von Purpurschnecken gewonnen werden. Entsprechend war Lydia wohl durch den Handel mit diesem teuren Material reich.

„So spricht der Sohn Gottes" – dieser höchste Würdetitel kommt in der ganzen Apokalypse nur an dieser Stelle vor. So bekommt das Wort des erhöhten Herrn von dieser Gemeinde ein besonderes Gewicht. Betrachtet man den Aufbau der Sendschreiben, so zeigt sich, daß der Brief an die Gemeinde von Thyatira in der Mitte der sieben Sendschreiben steht. Das verstärkt das Gewicht dieses Christustitels und auch der Verheißungen, die Christus gibt. Seine „Augen wie Feuerflammen" durchdringen richterlich alles. Aber sie wollen auch die entflammen, die von ihm angeschaut werden: „Feuer auf die Erde zu werfen bin ich gekommen, und wie verlangt mich danach, daß es schon brennt" (Lk 12, 49). Seine Augen wie Feuerflammen wollen in dem Angeschauten mit letzter Intensität die geläuterte Antwort des Herzens neu erwecken. Dieser Blick ist nicht nur Gericht, sondern liebende Werbung; denn das Feuer ist das Feuer seiner Liebe!

Die Gemeinde erfährt viel Lob (V. 19); es ist eine lebendig wachsende Gemeinde. Während der Gemeinde von Ephesus gesagt wurde, daß sie zurückgefallen ist, heißt es hier: „Du hast in letzter Zeit mehr getan als am Anfang." Und doch trifft auch sie ein schwerer Vorwurf (V. 20). Isebel war die phönizische Gattin des Königs Ahab (um 860 v.Chr.). Sie war die Beschützerin des Baalskultes. Sie hatte dem Propheten Elija nach dem Leben getrachtet, so daß er in die Wüste fliehen mußte. Mit diesem Namen Isebel wird nun symbolisch eine Frau bezeichnet, die in Thyatira als „Prophetin" auftritt. Prophet zu sein gehört zu den Charismen in der christlichen Gemeinde (s. z. B. Apg 11,27; 1 Kor 13,3 – 12). Diese „Prophetin" aber verführt die Gemeinde, „Unzucht zu treiben und Fleisch zu essen, das den Götzen geweiht ist". Das war offensichtlich eine große Versuchung der Gemeinde. Entsprechend spricht Vers 21 von der schonenden Geduld, die die Umkehr ermöglichen soll und will. Mit ‚Unzucht' kann ganz allgemein Götzendienst gemeint sein oder auch Tempelprostitution. Bereits Paulus hat in seinen Gemeinden damit zu tun. In 1 Kor 6,12 bis 20 gibt er in diesem schwierigen Problem Rat. In manchen Tempeln und Riten gab es wohl die religiöse Prostitution – Ausdruck der Sehnsucht, im Anteilnehmen am geheimnisvollen Kreislauf von Zeugung, Geburt und Sterben göttliches Leben und Erlösung zu erfahren. Paulus antwortet, indem er eine grundlegende Unterscheidung anbringt: Der menschliche Leib ist nicht für die Fruchtbarkeitsgötter und die damit verbundene Unzucht da. „Der Leib ist für den Herrn da, und der Herr für den Leib" (1 Kor 6,13). Erst die innige Verbindung mit dem Herrn läßt das Augenmaß und die Freiheit gewinnen, einen klaren Standpunkt gegenüber Unzucht und Tempelprostitution einzunehmen. Von daher ist das Wort vom ‚Ehebruch' in unserem Zusammenhang zu verstehen: Er ist Bruch des Bundes mit dem einen wahren Gott, ist mangelndes Vertrauen auf seine schöpferische Segenskraft und somit ein Sich-Hineinbegeben in die Unfreiheit der Sklaverei des Götzendienstes. Die Strafandrohung „Ihre Kinder werde ich töten" (V. 23) heißt dann wohl entsprechend: Das Tun dieser Frau wird nicht fruchtbar. Sie gebiert kein Leben, das am Leben bleiben kann. Leben in dieser Unfreiheit hat keinen Bestand. – Die Erregung dieser richterlichen Christusworte ist wohl deswegen so stark, weil das wahre Leben in Christus so greifbar und offen daliegt.

„Ich werde jedem von euch vergelten, wie es seine Taten verdienen" (V. 23): Dieses Wort aus Ps 62, 13 legt die hl. Theresia von Lisieux einmal für sich so aus: ‚Ich werde dem Herrn sagen, daß ich keine Werke habe. Er muß mir vergelten nach *seinen* Werken!' Sie weiß, daß es im Letzten nur *ein* Werk gibt: die Antwort der Liebe!

Der Vers 24 spricht von der Erkenntnis der „Tiefen Satans". Hier ist der Einfluß der Gnosis spürbar. Die Gnosis rühmte sich, die Tiefen der Gottheit erkennen zu können, aber auch die Tiefen des Satanischen. Diese Erkenntnis verleihe dem Gnostiker einen befreienden Abstand, ein Darüberstehen, so daß der Erkenntnisabstieg in die Tiefen das Satans ihm nichts anhaben könnte. (Vielleicht ist ein Nachklang dieser Einstellung heute in manchen okkultistischen oder spiritistischen Zirkeln zu finden.)

Der, der Augen wie Feuerflammen hat und der der helle Morgenstern ist, erwartet von seiner Gemeinde

Klarheit und Entschiedenheit des Bekenntnisses und weist jedes Zwielichtige ab.

Wer in der Gemeinde treu bleibt, dem wird keine weitere Last auferlegt. Das ist ein Wort aus der Apostelgeschichte, wo die Entscheidung des Apostelkonzils von Jakobus so formuliert wird: „Darum halte ich es für richtig, den Heiden, die sich zu Gott bekehren (die Christen werden), keine Lasten aufzubürden. Man weise sie nur an, Verunreinigung durch Götzenopferfleisch und Unzucht zu vermeiden ..." (Apg 15, 19 – 20).

Dann aber wird den Treuen die große Verheißung zugesprochen, daß sie teilnehmen an der Herrschaft des Gottessohnes und daß ihnen der Morgenstern gegeben werde (V. 26–28).

Ich und wir im Licht und Gericht dieses Wortes

„Ich werde ihm den Morgenstern geben" – unser Blick richtet sich ganz auf dieses Wort.

Was ist dieser Morgenstern? Im letzten Kapitel der Offenbarung sagt Christus: „Ich bin der strahlende Morgenstern" (22, 16). Die Treuen werden an dem Glanz dessen teilhaben, der gesagt hat: „Ich bin das Licht der Welt!" Ich bin der, der als der Morgenstern den Tag der Ewigkeit heraufführt.

Für den Wanderer und für den Seefahrer war der Morgenstern am nächtlichen südlichen Himmel ein Zeichen der Orientierung und der Hoffnung: Es wird Tag! Das Licht wird kommen! Und so bedeutet dieses Christuswort vom Morgenstern: Euer Leben geht auf einen Tag zu, auf einen lichten Sinn hin, es bleibt nicht im Dunkeln!

Oft wird die Frage gestellt: Was ist das unterscheidend

Christliche? Manche werden antworten: Das ist die Liebe! Aber auch ein nach außen hin Nichtglaubender kann ein Mensch der Nächstenliebe sein. Das unterscheidend Christliche ist die Hoffnung. Christen sind, was die Liebe angeht, oft nicht besser als andere. Aber wenn sie wirklich als Christen glauben, dann leben sie in der Hoffnung. „Damals wart ihr von Christus getrennt ... ihr hattet keine Hoffnung und lebtet ohne Gott in der Welt", schreibt der Epheserbrief (2, 12). Und: „Ihr trauert nicht wie die anderen, die keine Hoffnung haben" (1 Thess 4, 13).

Wie oft wird heute von den Dichtern unserer Zeit schmerzlich oder bitter die Lebenstraurigkeit ausgesagt, die aus der Hoffnungslosigkeit aufsteigt. In einer Welt ohne Hoffnung wird den Christen gesagt: „Gepriesen sei der Gott und Vater unseres Herrn Jesus Christus: Er hat uns in seinem großen Erbarmen neu geboren, damit wir durch die Auferstehung Jesu Christi von den Toten *eine lebendige Hoffnung haben* ... So seid stets bereit, jedem Rede und Antwort zu stehen, der nach der Hoffnung fragt, die euch erfüllt – aber antwortet bescheiden und ehrfürchtig ..." (1 Petr 1, 3; 3, 15).

Auf dem Weg durch die säkularisierte und weithin gottvergessene Welt hat der Christ das Orientierungslicht des Morgensterns: das Licht der Hoffnung, das der Auferstandene ist. (Denn was wäre das, „sich an den Positionslichtern zu orientieren, die am Bug des eigenen Schiffes befestigt sind"? H. J. Silberberg.) Schon jetzt, auf dem Wege, kann für den Glaubenden etwas zum Vor-Schein kommen vom Tag Jesu Christi: „Ihr alle seid Kinder des Lichtes und des Tages. Wir gehören nicht der Nacht und der Finsternis" (1 Thess 5, 5).

Jeder Mensch sehnt sich danach, daß sein Leben Glanz

bekomme; daß das Graue des Alltags durchbrochen werde. Oftmals ist diese Erfahrung der ‚Tristesse' Ausdruck einer tiefinnerlichen Desintegration der menschlichen Persönlichkeit – als Folge der Sünde. Die frühe Glaubenstradition nannte dieser Erfahrung ‚akedia', ‚Erschlaffung der Seele'. Sie rührt oftmals daher, daß materielle Dinge in ihrer Undurchsichtigkeit den Blick für das Wesentliche verstellen. Sie manifestiert sich gerne in innerer Unrast, in Aktivismus, in Übertreibungen, in ständiger Kritik an der Mitwelt, in Nachlässigkeiten, in nicht endenwollenden Zweifeln.

Wie bekommt das Leben Glanz? Wie kommt es zum Leuchten? Viele versuchen, ihrem Leben Glanz zu geben, indem sie etwas „Glänzendes" tun, etwas, das Beachtung bei den Menschen findet, An-sehen gewinnt. Das ist zunächst ganz legitim. Aber all das zählt nichts gegen das eine: zu lieben und geliebt zu werden! Das ist *der* Glanz des Lebens!

Wie aber, wenn ich das nicht erfahre? Wenn nur die ungestillte Sehnsucht bleibt? Ich denke an die vielen Einsamen, Ungeliebten ... Die Vielen, die kein Werk schaffen können, das ihrem Leben etwas Glanz verleiht ...

Christus verheißt: „Ich will ihm den Morgenstern geben." Und ich denke mir, daß diese Verheißung auch der Treue der Sehnsucht gilt, die irdisch nie gestillt wird. Der Morgenstern, das ist ER selbst. Begegnung mit Ihm, dem verklärten Herrn. Das Leben eingetaucht in den Glanz dessen, der gesagt hat: „Ich bin das Licht!"

Es gibt eine aus dem 6. Jahrhundert stammende Miniatur in einem syrischen Codex, da liegt der unter die Räuber gefallene Mensch hingefällt am Boden. Aber über ihn beugt sich der barmherzige Samariter – und der ist Christus! Das Haupt überstrahlt von hellem Licht: So geht dem geschlagenen Menschen, der am Boden liegt, der Morgenstern der Hoffnung und des Lebens auf! Diese Miniatur entspricht einer altkirchlichen Auslegung. Von der Frühzeit der Kirche an bis zum Beginn der Neuzeit sah man im Evangelium vom barmherzigen Samariter nicht zuerst eine Anweisung an uns, den Nächsten zu lieben, sondern man fragte zuerst, wer dieser Mann war, der barmherzige Samariter. Und man deutete so: Der Mann, der von Jerusalem hinabging nach Jericho, tief drunten in der Erde, war der Mensch, Adam. Jeder. Er fiel unter die Räuber, in die Sünde – und blieb als gefallener Mensch halbtot liegen. Keiner konnte uns helfen: das Gesetz nicht, die Propheten nicht: Priester und Levit gingen vorüber. Dann aber kommt Er, der barmherzige Samariter. Er aber, der ebenfalls von oben kommt und nach unten geht, der den Weg des Menschen nachgeht, ist kein anderer als Jesus Christus. Er ist der barmherzige Samariter, der den Menschen sieht, der am Weg liegt. Er tritt zu ihm hin, er hilft ihm. Christus ist es, der den Menschen verbindet, der Öl und Wein auf seine Wunden gießt, der ihn auf sich nimmt und auf seinem Leibe in das Gasthaus, in die Kirche bringt. Er läßt das zurück, was zur Heilung nötig ist. Er verspricht, wiederzukommen, am Ende der Zeit, um ihn dann, ganz geheilt, zu sich zu nehmen und ihm den Morgenstern zu geben.

(Ob nicht dies auch der Ehelosigkeit um des Reiches Gottes willen zugewiesen ist: Zeichen des Ausschauens auf den Morgenstern hin zu sein, stellvertretend für die Sehnsucht der Vielen? Lebens-Zeichen der Hoffnung auf diese Zusage des Herrn? Denn der Glanz des Morgensterns sagt: Du bist unendlich geliebt! Du sollst nicht darben! Der Hochzeitssaal in der Fülle des Lichtes und der Liebe wartet mit offenen Türen auf dich!)

Wie kann ich schon jetzt etwas erfahren von dem Glanz des Morgensterns, einen Schimmer seines Leuchtens?

Einen Weg zeigen uns die Mystiker, also die, die etwas erfahren haben. Es ist das Gebet der Kontemplation, in dem der Beter sich Gott hinhält. Mitten in der Dunkelheit der Nacht erfährt Johannes vom Kreuz das Licht. Staunend bekennt er diese Erfahrung des Lichtes, „obwohl es Nacht ist", wie er immerfort wiederholt. (Was das Gebet der Kontemplation ist, wird sehr klar dargelegt in dem Buch von E. Lorenz: Das Vaterunser der Teresa von Avila. Anleitung zur Kontemplation, Freiburg 1987.)

Auch das bekannte, kostbare Gebet von John Henry Newman (übertragen von F. Böller) weist diesen Weg.

> Führ, gütiges Licht, mich aus dem dunklen Graus,
>   führ du mich recht!
> Die Nacht ist schwarz, und ich bin weit von Haus,
>   führ du mich recht!
> Leucht' meinem Fuß, nicht daß das Letzte sich
> mir schon enthüll, ein Schritt genügt für mich.
>
> Nicht immer betete ich so, daß du
>   mich führtest recht;
> ich liebte irrend eigne Pfade, nun
>   führ du mich recht!
> Dem grellen Tag und meinem stolzen Sinn
> – gedenk es nicht! – gab blindlings ich mich hin.
>
> Du hast gesegnet in der Finsternis
>   mich lange schon,
> führ mich durch Klippen, Moor und Heide, bis
>   die Nacht enflohn,
> bis mich am Morgen grüßt vom Paradies
> der Engel Liebe, die ich lang verließ.

Einen anderen Weg, wie ich dem Glanz des Morgensterns näherkommen kann, finde ich angedeutet in zwei Gedichtstrophen von Hilde Domin. Das erste Gedicht ist überschrieben: „Wie wenig nütze ich bin". Aber die letzte Strophe lautet:

> Und im Vorbeigehen,
> ganz absichtslos,
> zünde ich die eine oder andere
> Laterne an
> in den Herzen am Wegrand.

Mit ihrem Werk kann die Dichterin schon jetzt etwas davon erfahren. Ob nicht jeder mit seinem ‚Werk' etwas davon erfahren kann?

In dem zweiten Gedicht („Indischer Falter") findet sich genau in der Mitte die Strophe:

> Vielleicht wird nichts verlangt
> von uns
> während wir hier sind,
> als ein Gesicht
> leuchten zu machen
> bis es durchsichtig wird.

„Ein Gesicht leuchten zu machen" – ist das nicht, eher als der Weg der Kontemplation, ein Weg, den jeder gehen kann, damit etwas vom Glanz des Morgensterns durch ihn hindurchgeht? Zunächst beginnt es damit, daß die Mutter sich über ihr Kind beugt und mit ihrem Lächeln das Lächeln des Kindes weckt. Später kann es manchmal mühsam werden, ein belastetes und verschattetes Gesicht leuchten zu machen, bis es durchsichtig wird, bis die verborgene innerste Liebenswürdigkeit des anderen durchscheinen kann. Nur weil uns das Leuchten zuvor ‚in die Wiege gelegt' ist als Geschenk, als Gnade, kann es mit der Kraft des Herzens geweckt werden. So ist diese Kraft des Herzens, der Liebe letztlich zu erbitten; sie kommt aus tiefer Quelle.

„Ich werde ihm den Morgenstern geben." Der Verfasser des zweiten Petrusbriefes hat die Sehnsucht nach dem Licht des Morgensterns tief gekannt. Davon zeugt sein Wort: „Diese Stimme, die vom Himmel kam, haben wir gehört, als wir mit ihm auf dem heiligen Berg waren. Dadurch ist das Wort des Propheten für uns noch sicherer geworden, und ihr tut gut daran, es zu beachten; denn es ist ein Licht, das an einem finsteren Ort scheint, bis der Tag anbricht und der Morgenstern aufgeht in eurem Herzen" (1, 18 – 19).

Wir sollen an das Licht des österlichen Herrn denken. Und wir werden gemahnt: Haltet daran fest! Es wird sich zeigen, wie verläßlich dieses Licht scheint.

Zur Besinnung

1. Wie sieht es mit meiner Hoffnungskraft aus? (Vgl. 1 Petr 3, 15: Seid stets bereit, jedem Rede und Antwort zu stehen, der nach der Hoffnung fragt, die euch erfüllt.)
Wie wirkt sie sich in meinem Leben aus? Wie strahle ich Hoffnung aus?
2. Kenne ich das Gebet der Kontemplation? Wann und wie gibt es das, daß ich mich schweigend Gott hinhalte?
3. „... ein Gesicht / leuchten zu machen / bis es durchsichtig wird." Wie bin ich zu den Menschen hin?
4. *Mein* Gebet mit dem Bildwort vom Morgenstern.

5

*„Werde wach und stärke ...,
was schon im Sterben lag."
„Ich werde mich ... zu ihm bekennen"*

Offenbarung 3, 2.5

Diese Worte des erhöhten Herrn stehen im fünften Sendschreiben an die Gemeinde von Sardes.

3 ¹ An den Engel der Gemeinde in Sardes schreibe: So spricht Er, der die sieben Geister Gottes und die sieben Sterne hat: Ich kenne deine Werke. Dem Namen nach lebst du, aber du bist tot.
² Werde wach und stärke, was noch übrig ist, was schon im Sterben lag. Ich habe gefunden, daß deine Taten in den Augen meines Gottes nicht vollwertig sind.
³ Denk also daran, wie du die Lehre empfangen und gehört hast. Halte daran fest, und kehr um! Wenn du aber nicht aufwachst, werde ich kommen wie ein Dieb, und du wirst bestimmt nicht wissen, zu welcher Stunde ich komme.
⁴ Du hast aber einige Leute in Sardes, die ihre Kleider nicht befleckt haben; sie werden mit mir in weißen Gewändern gehen, denn sie sind es wert.
⁵ Wer siegt, wird ebenso mit weißen Gewändern bekleidet werden.
Nie werde ich seinen Namen aus dem Buch des Lebens streichen, sondern ich werde mich vor meinem Vater und vor seinen Engeln zu ihm bekennen.
⁶ Wer Ohren hat, der höre, was der Geist den Gemeinden sagt.

Die Gemeinde damals

In Sardes residierte einst der durch Tribute und Bodenschätze unermeßlich reiche Lyderfürst Krösus (ca. 595–547 v. Chr.). Die Stadt lebte vom Wollhandel (vgl. V. 5: „weiße Gewänder") und war offenbar wohlhabend. Der Christengemeinde wird von Christus der schwere Vorwurf des Scheinchristentums gemacht: „Dem Namen nach lebst du, aber du bist tot" (V. 1)! Es ist eine schonungslose Sprache. Sie legt offen, was ist. Doch nur da, wo Wahrheit lebt, kann auch Trost wachsen. Mit diesem schweren Tadel will Christus die hindämmernde Gemeinde wachrütteln: „Werde wach!" – „Wenn du aber nicht aufwachst, werde ich kommen wie ein Dieb ..." (V. 3). Die Gemeinde lebt zwar nach außen hin wie eine christliche Gemeinde, aber sie lebt nicht in Christus, in dieser lebendigen Mitte. Doch gibt es in der Gemeinde einen kleinen Rest von Treuen, „die ihre Kleider nicht befleckt haben" (V. 4), die sich nicht verschlingen lassen von der gottlosen Welt. Der kleine Rest wird der Anknüpfungspunkt für die Rettung werden können; wird der Sauerteig der Erde sein können.

Christus sagt der Gemeinde: „Denke also daran, wie du die Lehre empfangen und gehört hast" (V. 3). Die Gemeinde soll sich des Anfangs erinnern! Das Gedenken der Berufung ist lebensentscheidend. Leben aus der erneuerten und erneuernden Kraft des Anfangs, darauf kommt es immer an! So wie Israel aus dem Gedenken seines Anfangs lebt, aus dem Gedenken des Exodus und der Brautzeit in der Wüste. David singt einmal in einem Loblied: „Gedenkt der Wunder, die er getan hat ... Bedenkt es, ihr Nachkommen seines Knechtes Abraham, ihr Kinder Jakobs, die er erwählt hat! Er, der Herr ... denkt ewig an seinen Bund!" (1 Chr 16,12 ff). Dieses rettende Gedenken erhält seine höchste Dichte in der Eucharistie: Das Gedenken der Großtaten Gottes an seinen Erwählten. – Erscheint das Gedenken im Zusammenhang heutigen Fortschrittsdenkens nicht als unzeitgemäß? Auch da, wo das Fortschrittsdenken durch die ‚Grenzen des Wachstums' und sich mehrende Katastrophen längst unterlaufen ist, tun wir uns leichter im Vergessen als im Gedenken. Und doch wäre das Gedenken an die gesegnete Vergangenheit, die lebendige Gegenwart bewirkt, rettend. Denn im Gedenken ist nicht nur Raum für die Wahrheit, auch für die Trauer über Irrwege und Umwege, für den Dank und schließlich für eine neue Sensibilität und Wachsamkeit unserer Herkunft und Zukunft gegenüber.

Dreifach ist die Verheißung, die Christus dem Treuen gibt, der sich in das ‚Gedenken' einläßt (V. 5): Er wird mit weißem Gewand bekleidet werden, sein Name wird nie aus dem Buch des Lebens gestrichen werden, Christus wird sich vor seinem Vater zu ihm bekennen!

Wer damals im römischen Weltreich das Bürgerrecht einer Stadt besaß, war in einem Buch eingetragen. Das Bild vom Lebensbuch findet sich oft in der Bibel. Mose sagt einmal zu Gott: „Nimm ihre Sünde von ihnen! Wenn nicht, dann streich mich aus dem Buch, das du angelegt hast" (Ex 32,32). Der Prophet Jesaja sieht den Tag Gottes: „Dann wird der Rest von Zion, und wer in Jerusalem noch übrig ist, heilig genannt werden, jeder, der in Jerusalem in das Verzeichnis derer, die am Leben bleiben sollen, eingetragen ist" (Jes 4,3). Auch Jesus gebraucht dieses Bildwort für die Jünger, die nach der Aussendung zurückkehren: „Freut euch darüber, daß eure Namen im

Himmel verzeichnet sind" (Lk 10,20). In der Geheimen Offenbarung findet sich dieses Bildwort etliche Male.

Christus sagt der Gemeinde: „... aber du bist tot." Das ganze Buch der Offenbarung des Johannes ist ein Ruf des Erhöhten: Komm zum Leben zurück!

Ich und wir im Licht und Gericht dieses Wortes

Ein erstes Wort Christi in diesem Brief soll zur Betrachtung anregen: „Werde wach und stärke, was noch übrig ist, was schon im Sterben lag" (V. 2).

Das „Wachet!" gehört in den synoptischen Evangelien zum Kern der Jüngerunterweisung Jesu. Immer wieder spricht Jesus dieses „Seid wachsam!" seinen Jüngern zu. Die Jünger sollen ‚intensiv' leben, sich anstecken lassen von Jesu eigenem Leben und seinem Wort. Jesus mahnt so, damit die Jünger nicht der großen Versuchung verfallen, die Stunde Gottes und seines Reiches zu verschlafen. Nach Ostern aber ist dieses „Werde wach!" die Mahnung, auf Christus hin Ausschau zu halten. Beim lebendigen Jünger ist dieses Wachen beseelt von der Vorfreude auf das Wiederkommen des Herrn, auf seine Nähe.

Paulus wird nicht müde, die Gemeinde zu dieser Wachsamkeit zu erwecken: „Wir wollen nicht schlafen wie die anderen, sondern wach und nüchtern sein" (1 Thess 5,6). „Bedenke die gegenwärtige Zeit: Die Stunde ist gekommen, aufzustehen vom Schlaf!" (Röm 13,11). „Wach auf, du Schläfer, und steh auf von dem Tode, und Christus wird dein Licht sein" (Eph 5,14). Dieses Wort aus dem Epheserbrief, das sich auf die Taufe bezieht, greift der Kirchenvater Epiphanius in einer Homilie zur Osternacht auf und fügt einen Vers an: „Ich habe dich ja nicht geschaffen, damit du für immer im Gefängnis seiest. Ich habe dich nicht für das Gefängnis gemacht." Die Mahnung zur Wachsamkeit will also unsere Befreiung bewirken. Das ‚Gedenken' erscheint jetzt noch einmal in einem anderen Licht: Es ist eine Hilfe zum Wachen, es bereitet die Befreiung geradezu vor.

Nach einem Wort von Kardinal Newman ist der Christ einer, der Ausschau hält nach Christus. Dorthin richtet sich seine Wachsamkeit. Er gleicht jenem Jünger, der den am Ufer Stehenden erkennt: „Es ist der Herr!" (Joh 21,7). Es ist nach Ostern. Die Jünger sind auf dem See eine ganze Nacht vergeblich dem Fischfang nachgegangen. In der Frühe des Tages fahren sie dem Ufer zu. Jesus, der Auferstandene, steht am Ufer. Der Jünger, den Jesus liebte, ist es, der ihn durch die Nebel hindurch erkennt: „Es ist der Herr!" Das ist wie ein Auftrag an die Christen, durch alle Nebel der Zeit hindurch ihn zu erkennen, sein Auf-uns-Zukommen, seine Nähe; die Zeichen, die er aus der Verborgenheit heraus gibt: in den Menschen, den Armen, im Nächsten, in dem er auf uns zukommt. Ihn erkennen heißt auch, sich bekehren zu lassen von den Armen, von dem Nächsten, von den Begegnungen mit den Menschen. In den Ereignissen der Geschichte, unserer Geschichte, ist es notwendig, seinen Anteil wahrzunehmen und seine Erwartung. Es gilt, sich in die Erkenntnis Jesu Christi einzuüben.

„Werde wach!" – Ich werde mich fragen müssen, in den vielen Weisen der Schrift- und Lebensbetrachtung, wo mich dieser Anruf trifft. Was ist meine Versuchung, mich einschläfern zu lassen? Was ist meine Versuchung, zu erstarren, in Befangenheit zu geraten, richtungslos zu werden, müde zu werden? Mein Haus zum „Haus ohne Fenster" (Hilde Domin) werden zu lassen, so daß keine

Aussicht mehr da ist? Worin zeigt sich in meinem Leben die Wachsamkeit auf Christus hin?

Je mehr die Aufmerksamkeit auf ihn abnimmt, je mehr ich mich ablenken lasse durch das faszinierende Angebot meiner Umwelt, um so fremder wird mir der Herr werden – am Ende erscheint er mir gar wie ein Dieb, der mir mein Eigenes rauben will. Wie sehr man sich vom Blick auf Ihn ablenken lassen kann, beschreibt D. Bonhoeffer einmal gerade für die, die tagtäglich mit dem Wort der Schrift umgehen. Er macht deutlich, wie der abgelenkte Blick zu einem entfremdeten Leben führt: „Die größte Not kommt für den Pfarrer aus seiner Theologie. Er weiß alles, was der Mensch über Sünde und Vergebung wissen kann. Er weiß, was rechter Glaube ist, und sagt es sich solange, bis er nicht mehr im Glauben, sondern im Denken über den Glauben existiert ... Das Wissen enthüllt seine Dämonie. Es treibt immer mehr in den faktischen Unglauben hinein. Wir haben dann keine Erfahrung des Glaubens. Unsere einzige Erfahrung ist die Reflexion über den Glauben."

Eine andere Gefährdung, die die Wachsamkeit zerrüttet, spricht Hilde Domin in einem Gedicht aus:

> Wenn alles dich einlädt,
> das ist die Stunde
> wo dich alles verläßt.

„Warnung" ist dieses Gedicht überschrieben.

„... und stärke, was noch übrig ist, was schon im Sterben lag." Wenn ich wachsam bin, dann bin ich nicht verschlossen, dann bin ich offen, dann bin ich gerichtet auf ein Kommendes. Durch diese meine zugewandte Offenheit kann die Kraft Christi, des Kommenden, in mich einströmen. Denn sein Kommen ist nicht ein Letztes-

Künftiges, sondern immer schon ein Auf-mich-Zukommen. Seine Kraft, die in mich einströmt, will jedoch weiterströmen zur Gemeinde hin: „Stärke, was noch übrig ist, was schon im Sterben lag." Das, was ich nicht vermag, das Sterbende zu beleben, vermag die österliche Kraft Christi.

Ein Priester antwortet auf die Frage: ‚Was ermutigt Sie, heute Priester zu sein?': „Weil ich mit österlichen Menschen zusammenlebe!" Er erfährt offenbar die belebende und stärkende Kraft, die von Christus, dem Auferstandenen, ausgeht und durch wachsame Christen hindurch ihn erreicht und ermutigt. So wird es darauf ankommen, den Osterglauben durchkommen zu lassen.

Ich denke an Franz von Assisi. Ihm war es gegeben, in einer Stunde der Kirchengeschichte, da das Haus der Kirche einzustürzen drohte, die Kirche zu stützen – nicht durch die Gewalt der Worte, sondern indem er sich radikal für die Kraft Jesu Christi öffnete, die dann durch ihn in die Christenheit ausstrahlen konnte und sie aufleben ließ.

Wie oft bleiben wir heute stecken in der Kritik dessen, was in der Gemeinde, in der Kirche wie zum Sterben hin ist. Unser Blick bleibt oft fixiert auf die Schatten der Kirche – und wir selber werfen oft genug auch noch unsere eigenen (meist nicht wahrgenommenen) Schatten auf sie. Es ist, als stießen wir sie noch mehr ins Sterben hinein. Natürlich, vieles an der Kirche und in ihr ist nicht jesusgemäß, ist nicht evangeliumsgemäß. Und dennoch, wo hätten wir unsere Heimat auf der Welt, wenn nicht in ihr, die uns immer wieder erinnert, woher wir kommen und wohin wir gehen, die den ‚Geschmack an Gott' und das Ausschau-Halten nach Jesus Christus erwecken soll!

Ungezählte Male habe ich das erfahren: In den Gesprächen, in denen es um Fragen christlichen Reifens ging, standen oft die Schwächen, das Unvermögen, das Versagen im Mittelpunkt. Dann aber war das Wort, das den Ansatz der guten Möglichkeiten in den Blick nahm und freilegte, *die* Ermutigung für den Weg! Vielleicht beginnt diese Ermutigung mit den Fragen: ‚Wo sind deine guten Möglichkeiten? Was sagen gute Freunde von dir?' Wie dankenswert ist das, wenn man einen jungen Menschen durch lange Zeit auf seinem Weg begleitet hat, und er dann nach Jahren zurückschauend sagt: „Sie haben mich ermutigt! Das hat mir geholfen!"
Der Ansatz, Leben zu erwecken, liegt nun nicht da, wo etwas beschönigt oder beschwichtigt oder übertüncht wird. Erst da, wo das wahr sein darf, was wahr ist, kommt auch die notwendige Er-gänzung in den Blick. Sie kann wahrhaft auf-leben lassen. Paulus hat diesen neuralgischen Punkt des Lebens und Zusammenlebens im Blick. So ermahnt er die Gemeinde von Thessalonich (1 Thess 4, 18): „Tröstet einander!" Das zugrundeliegende griechische Wort ‚parakalein' heißt ursprünglich ‚zu-sprechen', das sagen, was der andere jetzt nicht sehen kann, sich in dieser Weise er-gänzen. Daraus wächst der Trost. Die Kraft des Trostes ist die Kraft Christi, der Paraklet, der Beistand, den der Herr uns sendet (s. Joh 16, 7). Der steht uns bei in der Wahrheit, die offenbar wird: wenn heraus-kommt, was mit uns ist, aber eben auch, wenn heraus-kommt, was von Gott her mit uns ist, wenn Er ergänzt, was wir von uns aus nicht bewerkstelligen können: unser Leben. Sollte diese Kraft nicht das Sterbende in der Gemeinde, im Miteinanderleben in der Gemeinde und in der Kirche zum Leben erwecken können? Jeder und jede bedarf dieser Ermutigung. Jeder und

jede ist zu dieser Ermutigung fähig, wo die Wachsamkeit zu Jesus Christus hin immer wieder verlebendigt wird.

Das zweite Wort, das zur Meditation anregen soll, ist: „Ich werde mich vor dem Vater und seinen Engeln zu ihm bekennen" (V. 5 b).

Wenn ich in Gottes Gericht komme – ich werde nicht allein dastehen. Wenn ich mich in meinem Leben zu Jesus Christus bekannt habe, wird er selber zu mir stehen: vor Gott! Er wird mein Zeuge und mein „Fürsprecher beim Vater" (1 Joh 2, 1) sein.

Und wenn ich als Sünder dastehe? Auch als ein Sünder kann ich mich in Reue und Vertrauen an Jesus Christus halten: „Wenn aber einer sündigt, haben wir einen Fürsprecher (= Paraklet/advocatus/Beistand) beim Vater: Jesus Christus, den Gerechten. Er ist die Sühne für unsere Sünden" (1 Joh 2, 1).

So wie wir es im Lied singen: „Nur einer gibt Geleite, das ist der Herre Christ; er wandert treu zur Seite, wenn alles uns vergißt" (GL 656,3). Das gilt bis zuletzt!

Ich schaue auf mein Leben zurück. Je älter man wird, um so mehr die Betroffenheit der leeren Hände! Die Schuld der vielen Liebesverweigerungen. All das Versäumte, was ich hätte tun können und nicht getan habe. Wie werde ich dastehen vor Gott? Dann liegt mein Leben ganz offen da vor Gott und vielleicht auch vor den Augen der Menschen, die einst auf Erden in meinem Leben waren. Dann kann ich nichts mehr verbergen. Wird auch Jesus mir das schreckliche Wort aus seinem Gleichnis sagen: „Ich kenne dich nicht!"? (s. Mt 25, 12)

Wenn auch nur *etwas* in meinem Leben war, worin ich mich zu Jesus bekannt habe – „wer euch auch nur einen Becher Wasser zu trinken gibt, weil ihr zu Christus gehört, amen, ich sage euch: er wird nicht um seinen

Lohn kommen" (Mk 9, 41) – dann darf ich hoffen, daß er sich zu mir bekennen wird „vor meinem Vater und seinen Engeln"; denn er ist die Sühne auch für *meine* Sünden!

Jesus sagt einmal im Lukasevangelium: „Ich sage euch: Wer sich vor den Menschen zu mir bekennt, zu dem wird sich auch der Menschensohn vor den Engeln Gottes bekennen. Wer mich aber vor den Menschen verleugnet, der wird auch von den Engeln Gottes verleugnet werden" (Lk 12, 8 f).

Einmal wird es ganz offen liegen, was in meinem Leben in Handeln, Verhalten und Gesinnung *jesusähnlich* oder *jesusfremd* war. Alles in meiner Lebensgeschichte, was nicht jesusförmig war, was nicht in Richtung auf Jesu Gesinnung und Botschaft war, war Jesusverleugnung. Alles, was in meiner Lebensgeschichte Jesus ähnlich war, alles was mit seiner Gesinnung verwandt war, war Jesusbekenntnis und wird so vor dem Antlitz Jesu Christi offenbar werden und auch von mir selbst als solches erkannt werden. Auch wenn ein Mensch auf Erden nie etwas von Jesus gewußt hat, kann sein Handeln und seine Gesinnung in diesem Sinne Bekenntnis zu Jesus oder Verleugnung Jesu gewesen sein – wenn dieser Mensch der Stimme seines Gewissens gefolgt ist.

Vor dem „Gericht" der Ewigkeit muß wenigstens *etwas* jesusförmig, jesusähnlich aus meinem Leben erkennbar werden – wo ich mich also zu ihm bekannt habe. Paulus sagt im Römerbrief, daß wir durch ein Leben aus der Taufe „gleichförmig werden dem (Ur-)Bild seines Sohnes" (Röm 8, 29), damit wir im Gericht als Brüder und Schwestern Jesu Christi, also als Jesusverwandte, erkannt werden. Wenn wir nun im Gericht einen jesusverwandten Zug, eine jesusförmige Tat aus unserem Leben aufweisen können, wird er sich zu uns bekennen. Und indem er sich zu uns bekennt, indem er gleichsam vor dem Angesichte Gottes, des Vaters, sagt: „Darin bist du mir ähnlich! Darin gehörst du zu mir!", wird er – so dürfen wir hoffen – das ergänzen, was bei uns nur ansatzhaft vorhanden war. So bekennt er sich zu uns.

Was aber in unserer irdischen Geschichte schuldhaft jesusfremd, ja jesuswidrig war, worin wir ihn also verleugnet haben (jemanden verleugnen heißt sagen: ‚Ich kenne ihn nicht!'), das wird vor dem Antlitz der ewigen Liebe offenbar werden und als solches von uns selber klar erkannt werden. Es wird keine Strafe verhängt wie in einem irdischen Gericht. Die Augen des erhöhten Herrn werden uns anschauen – so wie sie Petrus angeschaut haben nach der Verleugnung (Lk 22, 61). Vor dem Antlitz der ewigen Liebe wird uns der Schmerz unserer Jesusverleugnungen durchfahren. Und dieser Schmerz, der ein Liebesschmerz ist, wird unser Läuterungsprozeß, unser Umwandlungsprozeß, unser Fegfeuer sein – bis ins kleinste hinein. Wir müssen ja „dem Bild seines Sohnes gleichförmig werden", an Wesen und Gestalt seines Sohnes teilhaben, wir müssen in die Jesusverwandtschaft hineinreifen, damit wir vom Vater als Brüder und Schwestern Jesu Christi erkannt werden. Die Taufe ist das Unterpfand dieses Erkennens und des Erkanntwerdens. In ihr beginnt das Hineinreifen in die Gestalt Jesu Christi. Wir können in der Ewigkeit nur „christusförmig" bestehen. Wir können nur bestehen, wenn er sich zu uns bekennt; eine andere Möglichkeit ewigen Lebens gibt es nicht.

Wir kommen mit unserer Schuld der Jesusverleugnung vor das Antlitz der unendlichen Liebe, und der brennende Reueschmerz, der uns in diesem Augenblick der Ewigkeit trifft, das ist das Gericht! Das ist das Feuer, das brennt! Vor dem Antlitz der ewigen Liebe müssen wir erst noch durch die Abgründe unserer Jesusverleugnung, unserer Liebesverweigerungen hindurch: Das ist unser Gericht!

Christus sagt in diesem Sendschreiben an die Gemeinde von Sardes: „Ich werde mich vor meinem Vater und den Engeln zu ihm bekennen." Welch ein Trost für jeden von uns ist dieses Wort!

Zur Besinnung

1. Ich verbinde mich mit dem ersten Wort: „Werde wach ..."
Worin halte ich Ausschau nach Christus? Worin liegt meine Gefährdung, mich einschläfern zu lassen?
2. Ich sehe mich vor dem zweiten Wort: „Ich werde mich zu ihm bekennen."
Worin bekenne ich mich zu Ihm? Worin besteht meine ‚Jesusfremdheit' am meisten?
3. *Meine* Gebetsantwort mit diesen Trostworten! Meine Bitte um den Paraklet, den Beistand, der ‚in die ganze Wahrheit führt' (s. Joh 16, 13) und in der Wahrheit beisteht.

6

*„Ich habe vor dir eine Tür geöffnet,
die niemand mehr schließen kann"*

Offenbarung 3, 8

Dieses Wort des erhöhten Herrn steht im Sendschreiben an die Gemeinde von Philadelphia.

3 ⁷ An den Engel der Gemeinde in Philadelphia schreibe: So spricht der Heilige, der Wahrhaftige,
der den Schlüssel Davids hat,
der öffnet, so daß niemand mehr schließen kann,
der schließt, so daß niemand mehr öffnen kann.
⁸ Ich kenne deine Werke, und ich habe vor dir eine Tür geöffnet, die niemand mehr schließen kann. Du hast nur geringe Kraft, und dennoch hast du an meinem Wort festgehalten und meinen Namen nicht verleugnet.
⁹ Leute aus der Synagoge des Satans, die sich als Juden ausgeben, es aber nicht sind, sondern Lügner – ich werde bewirken, daß sie kommen und sich dir zu Füßen werfen und erkennen, daß ich dir meine Liebe zugewandt habe.
¹⁰ Du hast dich an mein Gebot gehalten, standhaft zu bleiben; daher werde auch ich zu dir halten und dich bewahren vor der Stunde der Versuchung, die über die ganze Erde kommen soll, um die Bewohner der Erde auf die Probe zu stellen.
¹¹ Ich komme bald. Halte fest, was du hast, damit kein anderer deinen Kranz bekommt.
¹² Wer siegt, den werde ich zu einer Säule im Tempel meines Gottes machen, und er wird immer darin bleiben. Und ich werde auf ihn den Namen meines Gottes schreiben und den Namen der Stadt meines Gottes, des neuen Jerusalem, das aus dem Himmel herabkommt von meinem Gott, und ich werde auf ihn auch meinen neuen Namen schreiben.
¹³ Wer Ohren hat, der höre, was der Geist den Gemeinden sagt.

Die Gemeinde damals

Philadelphia, eine lydische Kleinstadt, etwa achtzig Jahre vorher durch ein Erdbeben schwer heimgesucht, war klein und unbedeutend. Auch die Christengemeinde war klein, wahrscheinlich aus Sklaven und Kleinhändlern bestehend, bedrängt von einer großen Judengemeinde.

Ignatius von Antiochien († um 110 n. Chr.) hat auch an diese Gemeinde einen Brief geschrieben, eine Art ‚Kassiber', als er als Gefangener auf dem Weg von Kleinasien nach Rom war. Sie erhält darin großes Lob: „... die ohne Wanken im Leiden unseres Herrn frohlockt und vollkommen überzeugt ist von seiner Auferstehung."

Die Gemeinde ist die zweite unter den sieben, über die kein Gerichtswort ergeht.

Im Vers 7 wird eine Stelle aus Jes 22,22 auf Christus angewandt. In diesem Wort aus Jesaja wird Eljakim gesagt, daß er das Amt des Palastvorstehers mit der Schlüsselgewalt bekommen wird. Der Palast dient nun als Bild für das Reich Gottes. In Philadelphia gab es ein Stadtheiligtum, das dem Gott Janus geweiht war, dem Schutzgott von Tor und Tür, der als Symbol die Schlüssel trägt. Auch darauf ist feinsinnig angespielt. Christus ist der, der die Schlüsselgewalt hat und die Türen aufschließen kann.

Die Gemeinde erlebt sich wie eingeschlossen in ihrer Umwelt, eingeschlossen von der Nacht der Umwelt und der Synagoge. Sie erlebt sich wie isoliert aufgrund der Verschlossenheit, mit der die Welt sich gegen das Evangelium verschließt. Das Tor scheint ins Schloß gefallen zu sein – auch zu Gott hin? Aber die Gemeinde glaubt an gegen diese ‚Verschlossenheit' und bleibt treu.

Die Gemeinde hat wenig Macht („geringe Kraft" V. 8).
Ob das die gute Voraussetzung ist, daß Christus ihr nahe
bleiben kann? Wer Macht hat, ist offenbar mehr in Gefahr, sich in Eigenmacht von dem zu entfernen, der als
der Gekreuzigte von aller Macht entblößt ist. „Du hast
an meinem Wort festgehalten": Diese Treue kommt in
dieser Gemeinde aus „der geringen Kraft".

Es scheint – wie Vers 9 andeutet –, daß eine solche Gemeinde eine starke Ausstrahlungskraft hat. Da steht das
Wort: „Und sie – die Juden – werden erkennen, daß ich
dich geliebt habe." Diese Liebe, die der Herr der Gemeinde zuwendet, begründet die offene Tür. Ihr, die nur
geringe Kraft hat, öffnet er die Tür, die niemand schließen kann: die Tür zum Reiche Gottes, die Tür zu Gott
und die Tür zum Menschen! „Ich komme bald": Er ist
ihr ganz nah!

Seltsam ist in Vers 12, daß der Schwache zur namhaften Säule wird. Zur Säule, die den Namen Gottes trägt.
Der Hintergrund dieses Bildes ist der, daß man im Judentum Abraham und die großen Frommen Israels ‚Säulen'
nannte, in der Urgemeinde die Apostel.

In diesem Brief wird etwas angedeutet von dem Christentum der offenen Tür. Aber es geht nicht nur oder
nicht zuerst um die Offenheit von Mensch zu Mensch,
sondern: daß durch die Offenheit der Gemeinde zu Gott
hin die Kräfte des Reiches Gottes in die Welt einströmen
können. *So* ist der Name der Gemeinde, der ‚Bruderliebe'
besagt, zuerst zu verstehen! Die offenen Türen zu Gott
hin machen die Gemeinde zur geöffneten Tür für die
Welt.

Ich und wir im Licht und Gericht dieses Wortes

Wir richten in unserer Meditation den Blick auf das Wort: „Ich habe vor dir eine Tür geöffnet, die niemand mehr schließen kann." Dieses Wort spricht der, „der die Schlüssel Davids hat".

Es gibt zahlreiche russische Ikonen mit der Auferstehung Christi, etwa die Pskower Ikone aus dem 14. Jahrhundert. Christus nimmt Adam und Eva bei der Hand und reißt sie aus der Todbefangenheit. Ihren Halt haben die Menschen allein in dem Ergriffensein von Christus. Genau unter den Händen der Menschen, die von der Hand Christi umgriffen sind, gibt es ein wichtiges Detail: Da fallen Schlüssel verschiedenster Art in den Abgrund. Alle Schlüssel, die wir versucht haben, fallen nutzlos ins Leere. Christus hat die Schlüssel, er ist der Schlüssel für die Tür in den Raum des Lichtes.

Christus gibt die Zusage von der offenen Tür einer Gemeinde, die für diese österliche Wirklichkeit drei Voraussetzungen zeigt:
1. „Du hast nur geringe Kraft."
2. „Du hast an meinem Wort festgehalten."
3. „Du hast meinen Namen nicht verleugnet" (V. 8).

Gibt es diese Voraussetzung bei mir? Wie?

„Ich habe vor dir eine Tür geöffnet, die niemand mehr schließen kann." Diesem Wort entspricht ein anderes im nächsten Kapitel: „Und ich sah: eine Tür war aufgetan am Himmel" (4,1).

Das Bildwort von der offenen Tür rührt an die Kernfrage des Menschen: Leben wir in einer verschlossenen Welt? Leben wir in einer augenlosen Materie? Gibt es eine Tür ins Offene, ins Weite? Geht es auf eine Zukunft hin? Hat diese Zukunft ein Gesicht, einen Namen? Ist sie ein Du? *Zuletzt* ist für den Menschen keine Frage wichtiger als diese!

Gibt es die offene Tür? Wer kann mir das Wort von der offenen Tür verbürgen? Manche suchen diese Bürgschaft bei den großen Weisen der Menschheit: Sokrates, Buddha, Konfuzius, Kant, Hegel, Karl Marx. Kein ‚Weiser' im Sinne der Welt kann mir die offene Tür in die Ewigkeit hinein verbürgen. Das kann mir nur der verbürgen, der kein ‚Weiser' im Sinne der Welt ist. Jesus hat kein Buch geschrieben. Seine Weisheit ist sein Leben und Sterben, seine Auferweckung. Der, der mir das Wort von der offenen Tür verbürgt, ist der, der selbst vor die dunkle Todeswand gekommen ist: „Gott, mein Gott, warum hast du mich verlassen?" Aber er ist es auch, der in unerhörter, einzigartiger Weise die offene Tür erfahren hat: die Auferweckung, die Auferstehung, *das* Leben! Diese Tür hat der Vater ihm geöffnet. Kein anderer auf der Welt kann mir so dieses Wort zusprechen, so daß es glaubwürdig ist: „Ich habe vor dir eine Tür geöffnet, die niemand mehr schließen kann." Der uns das zusagt, hat auch gesagt: „Ich bin die Tür" (Joh 10,9). Diese Tür ist personal, ist er selbst. Durch ihn treten wir ein in die Freiheit. Er ist dafür in den Tod gegangen.

Glaube ich an dieses Wort? Was weckt es in mir? Wie wirkt es sich aus in meinem Leben? Allein die Hoffnung auf dieses Wort, auf diese Zukunft ist das unterscheidend Christliche! Kann man mir anmerken, daß ich nicht eine, sondern *die* Hoffnung habe? Hoffnung heißt nicht, daß ich immer fröhlich sein muß. Hoffnung kennt die Trauer, kennt das Leid. Doch wer Hoffnung hat, ist im letzten nicht verzweifelt, nicht verbittert. Ein junger Mensch hört dieses Wort anders als ein alter Mensch.

Wie höre ich es? Wie höre ich es im Hinblick auf meinen Tod? – Auf diese Frage wird es sicher nicht nur eine einzige Antwort geben. Es wird eher verschiedene Züge einer Antwort geben, etwa so: Ich freue mich auf das ganz Neue, daß die Tür zum Festsaal des ewigen Lebens sich auftut! Auch die Sorge, die Angst hat darin Platz: „All das Versäumte ..." Es gibt wohl auch bei jedem Menschen eine naturhafte Angst bis in die letzte Faser hinein und genau daneben das „Aber" der Hoffnung! Und es wird wohl auch der Trost darin Platz haben: „Du hast nur geringe Kraft ..."

Wie höre ich dieses Wort? Was weckt es in mir? Ein Wort des Dichters Hölderlin, der ungefähr die Hälfte seines Lebens als Gesunder gelebt hat und die andere Hälfte in geistiger Umnachtung, kann zu einem Lebensimpuls werden:

> Göttliches Feuer auch treibet, bei Tag und bei Nacht
> Aufzubrechen. So komm! Daß wir das Offene schauen,
> Daß ein Eigenes wir suchen, so weit es auch ist.

In diesen Versen geht es um die Leidenschaft des Aufbruchs, des Suchens. Aber es geht ins Offene!

Auf dem Grab Hölderlins in Tübingen stehen folgende Verse:

> Im Heiligsten der Stürme falle
> Zusammen meine Kerkerwand,
> Und herrlicher und freier walle
> Mein Geist ins unbekannte Land.

Der Lebensimpuls aus diesen Versen: „Daß wir das Offene schauen!"

Was bedeutet das Wort von der offenen Tür für meine Welt-anschauung? Für mein nächstes Lebensfeld? Er spricht dieses Wort *mir* zu! Noch einmal: Es kommt auf die Hoffnung an, auf die letzte Sicht. Deswegen muß ich nicht in allem fröhlich sein.

Diese Zusage will sich meinem Leben einverleiben, will mich zu einem offenen Menschen machen! Vielleicht erwächst eine weitere Frage: Bin ich mehr offen oder mehr verschlossen? Es gibt eine Pseudo-Offenheit. Und es gibt eine scheinbare Verschlossenheit, die in Wahrheit Zurückhaltung und Innerlichkeit ist. Man muß sehr genau unterscheiden. Wie ist es bei mir? Woher kommt es bei mir?

Stephanus, der Diakon, ist wohl ein solcher Mensch der Offenheit gewesen. Es heißt von ihm: „Er blickte zum Himmel empor ... und rief: Ich sehe den Himmel offen" (Apg 7, 56). Er hatte sich wohl in seinem Leben eingeübt, nach oben zu schauen. Von Kain heißt es in Gen 4, 5 – 6: „... sein Blick senkte sich. Der Herr sprach zu Kain: ... warum senkt sich dein Blick?" – Und weil Stephanus es gelernt hat, nach oben zu schauen, fällt das Licht von oben auf ihn herab: „Als alle, die im Hohen Rat saßen, auf ihn blickten, erschien ihnen sein Gesicht wie das Gesicht eines Engels" (Apg 6, 15)!

Ist das Wort von der offenen Tür wirksam für mein Leben? – Es gibt Menschen, die sich mit ihrem Leben wie eingeschlossen, wie im Gefängnis erfahren. Aber die Tür ist längst aufgetan; sie brauchen nur aufzustehen und ins Freie zu gehen! Vielleicht braucht es am ehesten einen Menschen, dessen Vertrauen auf die längst geöffnete Tür dann ansteckend wirken kann.

Wir setzen noch einmal neu an: das Wort von der offenen Tür jetzt im Blick auf die Kirche. Heißt es nicht von ihr im Evangelium, daß der Herr ihr die Schlüssel gegeben hat? Dem Petrus, obwohl er den Herrn verleugnet hatte? „Siehe, ich habe bewirkt, daß vor dir eine Tür offensteht." Geht der Weg zum Himmel durch die offene Tür der Kirche? Schatten steigen vor uns auf, die sich auf das Bild der Kirche legen wollen. Sagen nicht manche engagierte Christen: Die Kirche schließt mehr zu, als daß sie aufschließt!? Aber: Sind wir nicht Schuld daran, daß das Bild der Kirche so verschattet ist? Sind wir es nicht, die die Kirche verschatten, die ihren Schatten auf die Kirche werfen? Noch vor sechzig Jahren sah Romano Guardini die Kirche sehr viel positiver, als wir es gemeinhin heute tun, obwohl er die ganze Härte des Modernistenstreites als Student in Tübingen miterlebt hatte. 1922 sprach er auf einer Tagung des Katholischen Akademikerverbandes in Bonn über den „Sinn der Kirche": „... daß die Kirche nicht unfrei mache, sondern im Gegenteil die volle Freiheit zum Ganzen des Daseins gebe; daß sie nicht den Charakter der Einschränkung, sondern den der Fülle habe." – 1952 schreibt er rückblickend, „daß die Erkenntnis der Kirche die maßgebende Einsicht meines Lebens gewesen ist. Als ich noch Student der Staatswissenschaft war, wurde mir klar, daß die eigentliche christliche Entscheidung nicht vor dem Gottesbegriff, auch nicht vor der Gestalt Christi, sondern vor der Kirche fällt. Von da ab wußte ich auch, daß eine echte Wirksamkeit nur in der Einheit mit ihr möglich ist."

Als sein Freund Felix Messerschmid den schon Todkranken fragte, weshalb er zeit seines Lebens den Glauben bewahrt habe, antwortete er: „Weil ich es meinem Bischof bei der Priesterweihe versprochen habe!" Die Biographin Hanna-Barbara Gerl schreibt dazu: „Man sollte sich hüten, darin nur ein nacktes Durch-Retten mit Hilfe eines außenbestimmten Gehorsams zu sehen, noch weniger eine vom Alter ausgelöste Resignation. Es entspricht zutiefst Guardinis Sicht vom Angewiesensein jedes Gläubigen und erst recht des Priesters auf Führung durch die Kirche, auf ihr Recht, Versprechen und Hingabe zu fordern."

Wie kann die Kirche mehr zur Offenheit erweckt werden, wenn *wir* nicht offen sind zu ihr hin? Heinrich Spaemann hat immer wieder gesagt: „Was aus einem Menschen wird, das hängt entscheidend mit davon ab, wie wir ihn sehen." Das gilt auch für unsere Sicht der Kirche, das gilt für ihre Lebendigkeit.

Die Kirche der nahen Zukunft hat eine unerhörte Chance, nämlich sich von den Verfremdungen zu befreien, die sich im Laufe der Jahrhunderte über sie gelegt haben. Zu diesen Verfremdungen gehört manche unselige Allianz mit den jeweiligen Machthabern, eine Neigung zur Verbundenheit mit der Macht; dazu gehört auch eine Verschiebung der Gottesverkündigung zum Richter-Gott: Gott macht nicht Angst, er will in die Freiheit, in die Liebe führen; dazu gehört auch das Überwiegen des Individualismus. Wenn er maßgebend bleibt, wie soll es dann eine gemeinsame Zukunft geben? Viele Wünsche der Menschen, zahllose wissenschaftlich-theologische Bemühungen helfen mit, die Zukunftsvision einer Kirche freizulegen, die anziehend und leuchtend ist, weil jesusgemäß: die Stadt auf dem Berge mit offenen Toren! Wenn sie in den Blick kommt, werden die Menschen sagen: „Kommt, laßt uns hinaufziehen ..." (Jes 2,3)!

Zur Besinnung

1. Eindringende Betrachtung des Wortes: „Ich habe vor dir eine Tür geöffnet, die niemand mehr schließen kann." Ist mein Leben, mein Glaube, mein Verhalten

dem Wort von der offenen Tür angemessen? Bin ich ein Mensch der aus dem Glauben kommenden Offenheit? Was ist zu tun? Jetzt?
2. Wichtiger noch das verweilende, meditative Gebet. Ruhig und froh werden in dieser Zusage Jesu Christi: „Ich habe vor dir eine Tür geöffnet..."
3. Bittgebet für je meinen Weg und den Weg des Evangeliums zu den Menschen!

Ein Erlebnis möchte ich anschließen, das sich mit diesem Schriftwort verbindet: Im Januar 1945 wurde ich eines Nachts von einem Offizier einer deutschen Strafkompanie benachrichtigt, daß ich zur Verfügung stehen müsse, wenn ein zum Tode verurteilter Soldat vor seiner Hinrichtung einen Pfarrer wünsche. Der wegen „Fahnenflucht" verurteilte Soldat war achtzehn Jahre alt. Gegen 6 Uhr in der Frühe wurde ihm das Urteil gesprochen, zwei Stunden später, im Morgengrauen, sollte das Urteil vollstreckt werden. Nun saß ich mit ihm in der Stube eines verlassenen Bauernhauses zusammen. Seine Hände waren mit Handschellen gefesselt, draußen vor der Tür und vor dem Fenster stand je ein Soldat mit seiner Maschinenpistole. Nach dem furchtbaren Schweigen der ersten Minuten – gerade hatte ihn das nie erwartete Todesurteil getroffen – war seine erste Frage: „Gibt es keinen Ausweg mehr?"

Nein, es gab keinen Ausweg mehr. Zwei Stunden später war in einer Sandgrube die Erschießung, zu der die ganze Kompanie „zur Abschreckung" antreten mußte. Ich blieb neben dem Verurteilten stehen, als er an einem Pfahl angebunden wurde, und verließ ihn, als das erste Kommando erklang, mit einem Wort letzter Hoffnung.

„Gibt es keinen Ausweg mehr?" An diese Frage des

18jährigen denke ich, wenn ich das Wort höre: „Ich habe vor dir eine Tür geöffnet, die niemand mehr schließen kann."

Mit diesem Wort bringe ich gerne ein Gedicht von Heinz Piontek zusammen:

> *Freies Geleit*
> Da wird ein Ufer
> zurückbleiben.
> Oder das End eines
> Feldwegs.
>
> Noch über letzte Lichter hinaus
> wird es gehen.
>
> Aufhalten darf uns
> niemand und nichts!
>
> Da wird sein
> unser Mund
> voll Lachens –
>
> Die Seele
> reiseklar –
>
> Das All
> nur eine schmale
> Tür,
>
> angelweit offen –

7

*„Siehe, ich stehe vor der Tür und klopfe an.
Wer meine Stimme hört und die Tür öffnet,
bei dem werde ich eintreten,
und wir werden Mahl halten,
ich mit ihm und er mit mir"*

Offenbarung 3, 20

Dieses Wort des erhöhten Herrn steht im letzten der sieben Sendschreiben an die Gemeinde von Laodizea:

3 [14] An den Engel der Gemeinde in Laodizea schreibe: So spricht Er, der „Amen" heißt, der treue und zuverlässige Zeuge, der Anfang der Schöpfung Gottes:
[15] Ich kenne deine Werke. Du bist weder kalt noch heiß. Wärest du doch kalt oder heiß!
[16] Weil du aber lau bist, weder heiß noch kalt, will ich dich aus meinem Munde ausspeien.
[17] Du behauptest: Ich bin reich und wohlhabend, und nichts fehlt mir. Du weißt aber nicht, daß gerade du elend und erbärmlich bist, arm, blind und nackt.
[18] Darum rate ich dir: Kaufe von mir Gold, das im Feuer geläutert ist, damit du reich wirst; und kaufe von mir weiße Kleider, und zieh sie an, damit du nicht nackt dastehst und dich schämen mußt; und kaufe Salbe für deine Augen, damit du sehen kannst.
[19] Wen ich liebe, den weise ich zurecht und nehme ihn in Zucht. Mach also Ernst, und kehr um!
[20] Ich stehe vor der Tür und klopfe an. Wer meine Stimme hört und die Tür öffnet, bei dem werde ich eintreten, und wir werden Mahl halten, ich mit ihm und er mit mir.
[21] Wer siegt, der darf mit mir auf meinem Thron sitzen, so wie auch ich gesiegt habe und mich mit meinem Vater auf seinen Thron gesetzt habe.
[22] Wer Ohren hat, der höre, was der Geist den Gemeinden sagt.

Die Gemeinde damals

Um diese Gemeinde von Laodizea hat sich schon Paulus sehr gemüht. „Ihr sollt wissen, was für einen schweren Kampf ich für euch und für die Gläubigen in Laodizea zu bestehen habe" (Kol 2, 1; vgl. auch 4, 12 – 17).

Es ist die einzige von den sieben Gemeinden, die kein einziges Lob erhält.

Laodizea galt als eine der reichsten Städte der Alten Welt. Als um 60 n. Chr. die Stadt durch ein Erdbeben zerstört wurde, lehnte sie die von Rom angebotene Aufbauhilfe ab. Sie hatte genügend Eigenmittel und wehrte sich gegen die Einschränkung ihrer Unabhängigkeit. Ihre Textilindustrie, ihr Bankwesen und ihre Ärzteschule waren berühmt. Cicero etwa hat auf seiner Kleinasienreise seine Kreditbriefe in Laodizea in Bargeld umgetauscht.

Offenbar hat auch die Christengemeinde von diesem Reichtum profitiert. Sie ist wohl die reichste Christengemeinde damals in Kleinasien gewesen. So kannte sie wohl all die Gefahren der selbstzufriedenen Sattheit. Das schlimmste wird in Vers 17 deutlich: Sie weiß nicht, wie es um sie steht! Sie hat keine Distanz zu sich selbst.

Die Ratschläge, die die Gemeinde bekommt, sind der Situation in der Stadt angepaßt. In Vers 18 begegnen sie gebündelt. Jeweils mit der Aufforderung „Kaufe" wird an die merkantilen Verhältnisse erinnert: Das Gold verweist auf das Bankwesen, die Kleider auf die Textilindustrie, die Salbe auf die Arztschule. „... damit du reich wirst." Der jetzige Reichtum muß entlarvt werden. Der wahre Reichtum ist nur über den Weg der Läuterung zu finden. Er ist anderes als Geld. Vielleicht spüren wir in unserer Gesellschaft heute verstärkt, wie das Geld und das Kapital als Heil-mittel betrachtet und gesucht werden. Wer Geld hat, ist auch jemand. Nur entwickelt sich aus der ‚Verehrung' des Geldes leicht eine Eigengesetzlichkeit, die unter uns Menschen verwundend und zerstörend wirken kann. Das ‚Angeld des Heiligen Geistes', von dem Paulus spricht (s. 2 Kor 1,22; 5,5), bedeutet hingegen eine Umwertung aller Maßstäbe – eine Läuterung im Feuer der Liebe.

„... damit du nicht nackt dastehst". Nacktheit galt in der Antike als schlimmste Demütigung und Schande (vgl. die Kreuzigung), während prächtige Bekleidung als größte Ehre und Auszeichnung galt (vgl. den verlorenen Sohn).

„... damit du sehen kannst". Die Gemeinde soll hinfinden zur Selbsterkenntnis, wie es mit ihr steht, zur Lebenswahrhaftigkeit. Durch den Reichtum ist sie offenbar wie verblendet.

In Vers 18 sagt Christus: „Kaufe *von mir!*" Da allein ist der wahre Lebensreichtum zu finden, das wahre, geläuterte Gold. Das neue Kleid. Die sehenden Augen! Dieser Vers ist eine intensive Einladung, sich ganz zu Christus hinzuwenden.

Trotz des furchtbaren Gerichtswortes in Vers 16 („Ich will dich aus meinem Mund ausspeien") bleibt Christi werbende Liebe. Das zeigen vor allem Vers 19 („Wen ich liebe") und Vers 20, in dem geradezu eine Zartheit im Werben deutlich wird.

Wir fragen uns: Was heißt das: „Lauheit", weder kalt noch heiß sein – bei der Kirche, bei einer Gemeinde, bei einem Christen?

Vers 16 spricht vom „Ausspeien". Manchmal kann eine Lebenswende, eine Umkehr nur angestoßen werden durch eine harte, schockartige Diagnose. Wenn es eine Erschütterung bis in die Tiefen gibt. Man muß dieses

Wort vom Ausspeien zusammen sehen mit dem Vers 19: „Wen ich liebe, den weise ich zurecht." Wohl nur so kann eine geistliche Erschütterung fruchtbar werden hin zu einer Erneuerung. Noch ein Hinweis zu Vers 14: Christus wird in diesem Brief der „Amen" genannt. Dieses Amen ist das Urprinzip der ganzen Schöpfung! Alles Geschaffene bleibt auf ihn bezogen. So heißt es in Kol 1, 16: „Alles ist auf ihn hin geschaffen." Ähnlich spricht 2 Kor 1, 19 f: „In Christus ist das Ja verwirklicht. Er ist das Ja zu allem, was Gott verheißen hat."

Ist Er, der das ‚Amen' ist, in dieser Gemeinde ausgesperrt, wie Vers 20 zeigt? Ist er daußen vor der Tür?

Ich und wir im Licht und Gericht dieses Wortes

Wir wenden uns für unsere Meditation ganz dem Vers 20 zu: „Siehe, ich stehe vor der Tür und klopfe an. Wer meine Stimme hört und die Tür öffnet, bei dem werde ich eintreten, und wir werden Mahl halten, ich mit ihm und er mit mir."

Das ist ein Wort vom Kommen des Herrn. Wir kennen andere Worte der Schrift zu seinem Kommen: „Denn wie der Blitz zum Westen hin leuchtet, wenn er im Osten aufflammt, so wird es bei der Ankunft des Menschensohnes sein" (Mt 24, 27). Hier aber ist ein Wort ganz anderer Art. Er steht wartend, bittend, hoffend, leise anklopfend vor der Tür. Eine Zärtlichkeit des Werbens liegt darin – bei einer solchen Gemeinde, von dem, der die Mitte der ganzen Schöpfung ist, der ‚Amen' ist.

„Wer meine Stimme hört": Wir werden an das Wort Christi im Johannesevangelium erinnert in der Hirtenrede: „Sie werden meine Stimme hören" (Joh 10, 16).

Oder von dem „Bei dem werde ich eintreten" spannt sich der Bogen zu dem Wort aus Joh 14,23: „Wir werden zu ihm kommen und bei ihm wohnen."

Das Sendschreiben an Laodizea ist von erschreckender Richterlichkeit. Und der Sprechende nennt sich „der Amen", der Unbedingte! Und *dieser* Absolute steht wartend vor der Tür. Damit deutet sich an, was Richterlichkeit meint: Da, wo wir ihn aussperren, wo wir seine Einladung ausschlagen, ziehen wir uns ihn als Richter zu. Wer die Lebensgemeinschaft mit ihm ausschlägt, schlägt das Leben aus. Wer sich dem Angebot, das Jesus Christus ist, verschließt, verurteilt sich selbst zu einem hoffnungslosen Dasein. Er richtet sich selbst (hin).

Es ist ein Wort vom Kommen des Herrn. Welches Kommen ist gemeint? Es gibt zuletzt nur *ein* Kommen des Herrn, *ein* Auf-uns-Zukommen des Herrn, immerfort, das sich einmal vollendet. Und er wartet darauf, daß auf der Seite des Jüngers jene Wachsamkeit ist, von der sein Wort spricht: „So sollt ihr Menschen gleichen, die ihren Herrn erwarten ..., damit sie ihm, wenn er kommt und anklopft, sogleich öffnen können" (Lk 12,36). Und das andere: „Selig die Knechte, die der Herr wach findet, wenn er kommt. Amen, ich sage euch: Er wird sich gürten, sie am Tisch Platz nehmen lassen und sie der Reihe nach bedienen" (Lk 12,37). So ernst nimmt er uns. Sein Kommen ist von großer Demut. Denn er will nichts als unser Leben.

Im vorangehenden Sendschreiben an die Gemeinde in Philadelphia war auch ein Bildwort von der Tür: „Ich habe vor dir eine Tür geöffnet, die niemand mehr schließen kann." *Er* gewährt die offene Tür, den Zugang zum Heil – in souveräner Vollmacht. Hier aber wandelt sich das Bild: Er selber, der Herr, steht vor der Tür und erbittet Einlaß in den Lebensraum und Daseinsraum der Gemeinde und des einzelnen. In dem Verhältnis Christi zu uns gibt es eine *Wirklichkeit,* die der Aussage dieses Bildwortes entspricht! Er kommt auf unser Leben zu in einer Art „Demut": in der Eucharistie, in der Gestalt des Brotes, in der Gestalt von etwas Alltäglichem und Unscheinbarem. (Darum ist es zutiefst sinnvoll, wenn das Wort aus dem Vers 20 als Einladung zur Kommunion gesprochen wird.) Er kommt auf uns zu in einer Weise des Werbens, die man mit Worten fast nicht mehr aussagen kann. Er gibt uns Zeichen ... leise, hoffend ... – sein Anklopfen.

Das Wort wird einer Gemeinde gesagt, die im Kreis der sieben Empfänger der Sendschreiben den schärfsten Tadel empfängt (V. 16). Und so ist in unserem Bildwort die suchende Liebe anwesend, die nicht aufgibt, die dem Verlorenen und Gefährdeten nachgeht, wie der gute Hirt. Er gibt keinen auf! „Alle, die ich liebe, überführe ich" – aber wie geschieht das – dieses „Überführen" des Verschlossenen? G. Bernanos sagt einmal, Gott begehre seine Geschöpfe mit einer Sehnsucht, deren mindeste Vorstellung uns zu Staub zermalmen würde. Darum habe er diese Sehnsucht in die verhüllte Liebe Jesu versenkt. Diese Verhaltenheit der Liebe und Sehnsucht des Herrn, die den Menschen nicht übermächtigen will, sondern die in ihm die freie, personale Antwort, das freie Ja, wecken will, in dem allein ein Du-sagen möglich wird, spricht aus diesem Bildwort der Offenbarung.

„Wer meine Stimme hört." Wer ist in diesem Daseinsraum? Man kann da sein, aber das Dasein ist nicht geöffnet. Es ist sich selbst genügend. „Du behauptest: Ich bin reich und wohlhabend, und nichts fehlt mir" (V. 17 a). Keine Bedürftigkeit! Keine Sehnsucht! Das Leben hat keine Richtung, es begibt sich in sich selbst. So ist es dann auch nicht gerichtet auf *diese* Zu-kunft, auf diesen Zu-kommenden, und hört seine Schritte nicht und seine Stimme und sein Anklopfen nicht. „Nichts fehlt mir." Die wörtliche Übersetzung ist noch genauer: ‚Ich habe niemanden nötig!'

Viele Gestalt solchen Lebens gibt es: „Wir können auch gut so leben. Wir brauchen das nicht." Vielen fehlt scheinbar nichts, wenn ihnen die Ausrichtung auf den Zu-kommenden fehlt. Nicht nur die Sattheit von Reichtum und Wohlstand, die es vergessen machen: „Du weißt aber nicht, daß gerade du elend und erbärmlich bist, arm, blind und nackt" (V. 17). Die schlimmsten Verluste sind die, die nicht mehr verspürt werden. – Die Ausgegossenheit, die keine Tiefe mehr aufkommen läßt („Wir amüsieren uns zu Tode"), das Hierhin und Dorthin unruhiger Zerstreuung, die permanente Ablenkung. Es gibt einen praktischen Atheismus durch Ablenkung: Gott verschwindet, ganz ohne Entscheidung. Aber auch das Sich-Zersorgen im Lebenskreis des Alltags voller „Uneigentlichkeit", in dem wir nicht mehr anwesend sind, nicht mehr bei uns selbst sind. Und so sind wir nicht zu Hause für den, der kommt. Er findet uns nicht. („Ich kenne euch nicht" wird er einmal sagen, wenn wir „aus den vier Winden", aus aller Zerstreuung heimgeholt werden ...)

Vielleicht *auch* ein Leben, das ganz in sich ‚gerundet' ist, ohne jede Wunde, in langer Einübung ‚pflegeleicht' gemacht, ohne jeden Riß, scheinbar heil in sich stehend, jedes Kreuz abweisend. Aber in der Gefahr, die Stimme zu überhören, die das Dasein öffnen will zu einer Fruchtbarkeit, welche nur vom Kreuz her kommt.

Wer ist in diesem Lebensraum, an dem Er anklopft? –

Es gibt die Lebenslüge, in der der Mensch, sich selbst täuschend, nicht mehr sehen will, daß sein Leben zu einer tiefen Unaufrichtigkeit verschattet ist, die klaren Konturen verloren hat. Er hat die gute Distanz zu sich verloren, er ist blind für sich selbst.

„Weil du aber lau bist" – die Halbheit und Unentschiedenheit, in der der Mensch sein Angewiesensein auf Gott nicht mehr wahrnimmt, weil er seine Bedürftigkeit immer schon selbst zu stillen und zu überdecken weiß und mit den vielen Vorläufigkeiten, die immer zuhanden sind, zustopfen kann. Er sagt möglicherweise weiterhin „Gott", aber es ist zur Worthülse verkommen.

Nicht der ist von diesem richterlichen Wort des Herrn getroffen, der um diese Halbheit seines Lebens weiß, der sie als seine Armut erkennt, der dennoch immer wieder vor dem auf ihn zukommenden Herrn bekennt: „Herr, du weißt alles ..."

Kardinal Newman läßt Christus einmal in einer Predigt sagen: „Wenige werden bereit sein, mir sogleich zu öffnen, wenn ich an die Pforte klopfe. Sie werden immer noch etwas zu tun haben, bevor sie aufmachen; sie werden nicht schon bereit sein, sondern müssen sich erst vorbereiten. Sie müssen sich von der Überraschung und Verwirrung erholen, in die sie die Nachricht von meiner Ankunft versetzt hat; sie werden etwas Zeit brauchen, um wieder zu sich zu kommen und sich ihre besten Gedanken und reinsten Absichten ins Gedächtnis zurückzurufen. Sie fühlen sich wohl, so wie sie sind, und haben keine Einwände dagegen zu erheben. Sie sind zufrieden, auf der Erde zu sein: Sie wünschen sich nicht, anderswohin zu gehen; sie möchten sich nicht verändern."

„... und die Tür öffnet": Christus will nicht in einen Raum eintreten, der ihm fremd bleibt. Er will in einen

Lebensraum eintreten, der ihm anvertraut wird. Er will sich selbst in diesem Lebensraum dem Menschen anvertrauen. Darum muß ihm aufgetan werden.

„Bei dem werde ich eintreten, und wir werden Mahl halten, ich mit ihm und er mit mir": Zeichen tiefster Begegnung und Gemeinschaft und des Austausches von Du zu Du. Der Raum des Menschen, vielleicht eng und arm, weitet sich unendlich in dieser Begegnung. Genau diese Weitung des Raumes hat Rembrandt in seinem Emmausbild zu malen versucht.

Auch Augustinus hat in seinem Beten diese Weitung des Raumes ersehnt:

Höre, Herr, mein Rufen.
Ich will dich suchen, Herr, im Rufen nach dir und will zu dir rufen im Glauben an dich. Ich will dich suchen, daß meine Seele lebe. Denn du hast uns auf dich hin geschaffen, und ruhelos ist unser Herz, bis es ruhet in dir.
Was bist du mir? Ich selbst, was bin ich dir, daß du von mir geliebt zu werden wünschest? Sag mir um deiner Erbarmungen willen, Herr, mein Gott, was du mir bist! Sprich zu meiner Seele: Ich bin dein Heil. Sprich so, daß ich's höre! Siehe die Ohren meines Herzens vor dir, Herr; öffne sie und sprich zu meiner Seele: Ich bin dein Heil. Herlaufen will ich hinter dieser Stimme und dich ergreifen. Verbirg nicht vor mir dein Antlitz. Sterben will ich: nicht um zu sterben, sondern es zu schauen. – Zu eng ist das Haus meiner Seele, als daß du zu mir kämest: es werde ausgeweitet von dir. (Confessiones I/15).

„Ich mit ihm und er mit mir!" Wir geben das Unsrige: Nicht irgend etwas, eine Leistung, eine Tat, ein Werk, sondern das Ganze des Lebens. Schiller sagt einmal: „Gemeine Naturen zahlen mit dem, was sie tun, edle mit dem, was sie sind."

Es scheint in diesem Vers 20, als wäre der Mensch der Gastgeber. Aber über dem Mahl, über der Begegnung erkennt der Mensch immer tiefer, daß er der Begnadete, der Beschenkte ist, der alles empfängt: „Wir werden kommen und Wohnung bei ihm nehmen!" „Selig die Knechte, die der Herr wach findet, wenn er kommt. Amen, ich sage euch: Er wird sich gürten, sie am Tisch Platz nehmen lassen und sie der Reihe nach bedienen" – mit sich selbst!

Dieses Wort ist zu einer *Gemeinde* gesagt *und* zu dem einzelnen. Aber der Herr kommt nicht zu dem einzelnen als einzelnen, er kommt zur versammelten Gemeinde, er kommt zu den Brüdern und Schwestern. Er kommt nicht zu dem, der zwar zusammengekommen ist mit den anderen und der doch vereinzelt bleibt, ein jeder für sich. Es gibt Worte in unserem Glauben, die müssen in der Einzahl gesprochen werden – wie ‚credo', ‚ich glaube', oder ‚confiteor', ‚ich bekenne', oder ‚adsum', ‚ich bin da' – aber in der Gemeinde!

„Siehe, ich stehe vor der Tür ..." In einer ‚Marburger Predigt' zu diesem Wort im Sendschreiben an die Gemeinde von Laodizea sagt R. Bultmann: „Es ist ein weckender, aufrüttelnder Ruf, und sein Sinn ist, kurz gesagt: Diese Welt ist nicht die Welt allein! Diese unsere Welt hat ihren verborgenen Hintergrund, den wir zu vergessen pflegen. Und aus diesem Hintergrund kann, ja wird eines Tages eine Macht hervorbrechen zum Gericht oder zum Heil – je nachdem wir für sie bereit sind. Seid eingedenk dieses verborgenen Hintergrundes ...! Seid dessen eingedenk, was allen bevorsteht! ... Seid dessen eingedenk, daß ihr euch nicht selbst gehört!"

Ja, es ist ein Weckruf für dich und für mich. Wach zu sein auf den hin, der auf dein/mein Leben zukommt. Der der einzige ist, in dem dein/mein Leben seine letzte und bleibende Erfüllung finden kann.

Ob dieses Wort nicht auch die Freude in mir wecken kann? „Freut euch, der Herr ist *nahe*" (Phil 4,4f)! Seine Stimme, die Stimme des Bräutigams (Joh 3,29), die Stimme des Freundes, die Stimme des Bruders. Die Stimme meines Erlösers. Laßt uns zu denen gehören, die sein Kommen lieben, „die sehnsüchtig auf sein Erscheinen warten" (2 Tim 4,8). Er klopft an das Haus deines/ meines Lebens. Du hast schon lange und immer auf ihn gewartet. „Maranatha" – Komm, Herr Jesus (Offb 22,20)!

Zur Besinnung

1. Wie verstehe ich das für mich: „Seine Stimme hören"?
2. Was verstellt bei mir die Erfahrung seiner Stimme?
3. Wie kann *ich* das tun, ihm die Türe zu öffnen?
4. Kenne ich etwas von der Erfahrung, die in dem Bildwort des Mahles mit ihm ausgesagt ist, – etwas von der Erfahrung der Verbundenheit mit ihm, der Freude, mit ihm zusammen zu sein?
5. *Mein* Du-Gebet mit diesem Wort: „Siehe, ich stehe vor der Tür und klopfe an: Wer meine Stimme hört und die Tür öffnet, bei dem werde ich eintreten, und wir werden Mahl halten, ich mit ihm und er mit mir."

II

Worte aus der Urgeschichte des Menschen

1

*Was ist der Mensch, daß du an ihn denkst,
des Menschen Kind,
daß du dich seiner annimmst?*

Psalm 8,5

Uralte Frage: Was ist der Mensch? Diese Frage verstummt nie. Gibt es keine Antwort?

Wir sehen die Nachrichten im Fernsehen. Abend für Abend die Bilder, was überall auf der Welt Menschen tun und sich antun – da kann diese Frage immer wieder da sein: Was ist der Mensch? Soviel Leid, soviel Bosheit, aber auch soviel wunderbares schöpferisches Werk! Wir schauen in die Menschheitsgeschichte, wir schauen in unsere eigene Geschichte – der Mensch ein Rätsel, das nicht zu lösen ist. Wir stehen am Krankenbett eines jungen Menschen. Noch vor ein paar Monaten blühendes Leben – und jetzt gezeichnet von völliger Hinfälligkeit. Wir haben uns von dem von der Todeskrankheit Gezeichneten verabschiedet, und auf dem Heimweg ist wieder diese Frage in uns: Was ist der Mensch?

Die Frage wandelt sich: Was bin ich? Auch diese Frage verstummt nie. Sie fragt nicht nach meinem Beruf, sondern geht viel tiefer. Ich stehe vor dem Spiegel und schaue mir selber in die Augen: Was bin ich? Wer bin ich denn eigentlich?

Auch der Psalm hat diese Frage: Was ist der Mensch? Wie mit großem Erstaunen läßt der Psalmbeter die Frage weitergehen: „Was ist der Mensch, daß du an ihn denkst, des Menschen Kind, daß du dich seiner annimmst?" Und wieder wandelt sich das Wort: Was bin ich, daß du an mich denkst, daß du dich meiner annimmst?

In der Frage steckt die Antwort: Er denkt an mich! Ich bin nicht verloren in Raum und Zeit! Ich bin nicht vergessen! Er nimmt mich an! Er sagt ja zu mir! – Ein anderer Psalm (18) geht sogar soweit zu sagen: „Er hat an mir Gefallen!"

„... daß du an ihn denkst": Er denkt an mich. Und sein Denken ist praktizierte Liebe, denn Gott ist Liebe! Fast unglaublich will uns das vorkommen: der große, ewige Gott – und ich, der winzige Mensch: Er denkt an mich, er nimmt mich an, er liebt mich!

Wer bin ich denn, daß er mich liebt? Bin ich denn liebenswürdig vor Gott? Warum liebt er mich? Die tiefste Begründung sagt Angelus Silesius in dem Vers:

> Gott ist des Lebens Buch.
> Ich steh in ihm geschrieben
> mit seines Lammes Blut –
> wie sollt er mich nicht lieben!

Das ist der tiefste Grund dafür, daß Gott liebend an mich denkt: Der Sohn Gottes hat sich für mich dahingegeben!

Mein Gott, ich danke dir, daß du an mich denkst. Ich danke dir, daß du mich annimmst. Gib mir die Kraft aus diesem Dank heraus auch meinen Mitmenschen anzunehmen, den du annimmst, wie du auch mich angenommen hast.

2

Gott sprach: Laßt uns Menschen machen als unser Abbild, uns ähnlich

Genesis 1,26

Wenn ich dieses Wort lese – geht nicht ein Schatten darüber hin? Der Mensch Ebenbild Gottes? Ich ein Ebenbild Gottes? Ja, wenn da zwei Verliebte sind, sie können sich immerfort anschauen und liebhaben und glauben, daß ein Glanz des Göttlichen auf dem anderen liegt. Aber sonst? Der Mensch mit all seiner Armseligkeit, Bosheit, Kleinkariertheit – ein Ebenbild Gottes?

Aber vielleicht war es am Anfang im Entwurf Gottes anders! Da gibt es eine Stelle im Alten Testament beim Propheten Ezechiel, die vom Menschen am Anfang dieses sagt:

> Du warst ein vollendet gestaltetes Siegel,
> voll Weisheit und vollkommener Schönheit.
> Im Garten Gottes, in Eden, bist du gewesen.
> Alle Zierden brachte man an,
> als man dich schuf (28, 12).

Oder wie wir es im Psalm 8 lesen: „Du hast ihn mit Herrlichkeit und Ehre gekrönt."

Aber der Schatten der Sünde ist darüber gegangen und hat das Menschenantlitz, das Abbild Gottes verdunkelt und entstellt.

Jedesmal, wenn ich dieses Gotteswort lese: „Laßt uns den Menschen machen als unser Abbild, uns ähnlich", denke ich: Gott hat dabei *einen* Menschen im Sinn gehabt, *den* Menschen, den neuen Adam: Jesus von Nazaret. In diesen Menschen wollte er selber ganz hineingehen: das ganz und gar vollendete und einzigartige Bild Gottes.

Und nun geschieht das fast Unglaubliche: Gott gibt uns die Möglichkeit, Brüder und Schwestern dieses neuen Adam zu werden, der ganz reines Bild Gottes ist; er gibt uns die Möglichkeit, „an Wesen und Gestalt seines Sohnes teilzuhaben, damit dieser der Erstgeborene von vielen Brüdern sei" (Röm 8,29): wenn wir zu ihm, zu Jesus Christus, gehören durch Taufe und Leben! In dem Maße, in dem ich Jesu Geist und Gesinnung, Jesu Freiheit, Güte und Vertrauen durch mein Leben durchkommen lasse, wachse und reife ich hinein in *das* Bild Gottes.

Aber auch das andere gilt: Wenn jeder Mensch berufen ist, Bild Gottes in der Welt zu sein, dann kann mich jeder Mensch an Gott erinnern. Jeder Mensch? Auch der Verbrecher? Wenn ich gelernt habe, mit den Augen Jesu Christi zu sehen, werde ich es auch lernen – und dazu erleuchtet werden –, auf dem Antlitz auch des Verbrechers den verborgenen Liebesglanz Gottes wahrzunehmen, mit dem Gott den Sünder heimholen will in das Reich seines Erbarmens. Denn „er ist gütig auch gegen Undankbare und Böse" (Lk 6,35).

Mein Gott, erleuchte meine Augen, daß ich den Glanz deiner Liebe auf dem Antlitz des Nächsten erkennen kann.

3

*Vom Baum der Erkenntnis von Gut und Böse
darfst du nicht essen;
denn sobald du davon ißt, wirst du sterben*

Genesis 2, 17

Viel hat man darüber nachgedacht, was mit der Erkenntnis von Gut und Böse gemeint ist. Einige sagen, es sei die Allwissenheit damit gemeint, die der Mensch an sich reißen wollte. Aber als der Mensch von der Frucht genommen hatte, stellte sich keine Allwissenheit ein. Andere sagen, es sei damit gemeint die Gabe der sittlichen Unterscheidung. Aber die wollte Gott doch gewiß nicht dem Menschen vorenthalten, den er mit Vernunft begabt hatte. Wieder andere sagen: Bevor der Mensch vom Baum der Erkenntnis aß, lebte er in glücklicher Unbewußtheit wie das Tier, das ganz im Augenblick da ist ohne den Abstand des Wissens von sich selbst. Aber wäre das noch die Freiheit, die aus der Gottebenbildlichkeit des Menschen kommt und die das Tier nicht hat?

Das Verbot, das Gott gegeben hat, kann kein Willkürgebot gewesen sein, sozusagen um den Gehorsam des Menschen auszuprobieren. Der Gott der Offenbarung hat nur das Gute des Menschen im Sinn. Und so muß mit dem Verbot etwas Gutes für den Menschen verbunden sein. Das Verbot war eine Warnung, etwas Selbstzerstörerisches zu tun.

Vielleicht ist das Nehmen der Frucht vom Baum der Erkenntnis so zu deuten: sich die Fähigkeit aneignen, selbst zu entscheiden und zu bestimmen, was gut und was böse ist und aus dieser Eigenentscheidung heraus zu handeln! Damit aber würde der Mensch sich ablösen von der Schöpferhand Gottes und sich autonom machen. Damit würde er sich auflehnen gegen die lebensrettende Abhängigkeit von Gott, seinem Schöpfer.

Gott aber wird den Menschen dann nicht festhalten. Er wird ihn in seine vermeintliche Freiheit ziehen lassen, wie der Vater den verlorenen Sohn ziehen läßt. Und der Mensch wird in seiner Selbstherrlichkeit immer mehr in sein Elend ziehen, je weiter er sich in seine „Eigenständigkeit" hineinverläuft, selbst zu entscheiden und zu bestimmen, was gut und was böse ist.

Wir spüren, wie dieses Wort der Bibel uns heute auf den Leib rückt. Erfahren wir es nicht, wie elend wir „absterben", wenn wir uns selbst zum Maßstab von Gut und Böse machen? Wie der Tod um sich greift, vom werdenden Leben angefangen bis hin zur atomaren Todesbedrohung?

Gott verhängt nicht eine Willkürstrafe. Das „Hin-zum-Tode" liegt in der Konsequenz der selbstherrlichen Autonomie, die der Mensch immer wieder an sich reißt. Gottes Gebote sind Hilfen zum Leben, zur Freiheit, zum Frieden. Wenn der Mensch sich davon ablöst, steht er ohne diese Hilfe da, jeder für sich auf sich selbst gestellt.

Herr, mein Gott, bewahre mich vor der gefährlichen Selbstherrlichkeit, in der ich mich selber zum Maßstab für Gut und Böse mache. Laß mich dich anbeten und deine Gebote aufnehmen als die Zeichen, die mir den Weg in die Freiheit und das Leben zeigen.

4

Dann sprach Gott der Herr:
Es ist nicht gut, daß der Mensch allein bleibt

Genesis 2, 18

In einem Gedicht erinnert sich R. M. Rilke seiner Kindheit. Da stehen Zeilen wie diese:

> O Einsamkeit, o schweres Zeitverbringen ...
> O Trauer ohne Sinn, o Traum, o Grauen,
> O Angst, o Last ...

Gibt es das manchmal schon in der Kindheit, das Empfinden der Einsamkeit? – Wie oft haben die Dichter dieser Erfahrung der Einsamkeit Ausdruck gegeben:

> Seltsam, im Nebel zu wandern!
> Leben ist Einsamsein.
> Kein Mensch kennt den andern,
> jeder ist allein! (H. Hesse)

Der große deutsche Mystiker Meister Eckhart schreibt einmal: „Wäre ich allein in einer Wüste, wo es mich grauste, hätte ich da ein Kind bei mir, so verginge mir das Grausen, und ich wäre gekräftigt. Und könnte ich nicht ein Kind haben, hätte ich ein Tier, so würde ich getröstet ..."

Ist das Tier genug, die Einsamkeit aufzuheben? Ach ja, manchmal ist das Hündchen und der Wellensittich schon ein bißchen Trost in der Einsamkeit. Aber als Gott im Paradies Adam, der ganz allein war, die Tiere zuführte, heißt es: „Eine Hilfe, die dem Menschen entsprach, fand er nicht."

„Es ist nicht gut, daß der Mensch allein bleibt", sagt Gott. Aber wie ist es denn mit dem Mönch? Das Wort Mönch kommt vom lateinischen monachus und heißt: der allein Lebende. Der Mönch wählt das Alleinsein freiwillig. Er darf es nur, wenn die Einsamkeit erfüllt ist vom Du-sagen zu Gott und den Menschen; wenn sie beseelt ist von der Sehnsucht der Gottes- und Nächstenliebe.

Es gibt eine leere Einsamkeit, von der Rilke sagt: „O Trauer ohne Sinn, o Angst, o Last". Und es gibt eine erfüllte Einsamkeit, die fruchtbar wird. Es gibt starke Naturen, die die Einsamkeit aufsuchen, um zu erfahren, was es heißt, ausgeliefert zu sein und darin sich fallen zu lassen in das große Du Gottes, das alle Einsamkeit aufheben kann. Von irischen Mönchen des 7. Jahrhunderts wird berichtet, daß sie allein in einem kleinen Boot sich hinaustreiben ließen in die Unendlichkeit des Ozeans, um dieser Einsamkeit ausgesetzt zu sein.

Vielleicht kenne ich beide Weisen der Einsamkeit, die leere, bedrückende und die erfüllte, fruchtbare. Wie aber, wenn ein Mensch nur die leere und bedrückende kennt? Kann ich ihm sagen: Halte dich in deiner Einsamkeit an das Du Gottes, dann bist du nicht allein? Er wird das Du Gottes in seiner Einsamkeit nur erfahren können, wenn er die Geborgenheit und das Angenommensein im Du des Menschen erfahren hat und erfährt!

Ob in dem Wort Gottes: „Es ist nicht gut, daß der Mensch allein bleibt" nicht ein starker Anruf an uns liegt, *den* Nächsten wahrzunehmen, der am Alleinsein leidet?

Herr, gib mir offene Augen und ein waches Herz für die Einsamkeitsnot des Nächsten.

5

*Gott, der Herr, rief Adam zu und sprach:
Wo bist du?*

Genesis 3, 9

Es ist die erste Frage, die Gott in der Bibel an den Menschen richtet: „Wo bist du?" Wenn Gott fragt, dann ist das nicht eine Frage nach einer Information. Es ist das schreckliche, barmherzige Fragen, das den Menschen zu sich selbst führen will. So wenn Gott später fragt: „Kain, wo ist dein Bruder?" Oder wenn Jesus fragt: „Was soll ich dir tun?"

Der Mensch hat sich vor Gott versteckt. Er will nicht da-sein vor Gott und für Gott. Aber er weiß gar nicht, wie sehr dieses Sichverstecken sein Elend ist. Wenn er sich doch von Gott finden ließe!

„Wo bist du?", diese Frage Gottes will jeden von uns immer wieder erreichen. Es gibt so viele Weisen, sich vor Gott zu verstecken, abgewandt von Gott zu leben. Es ist nicht nur die Angst vor Gott. Es ist oft auch die Herzensvergeßlichkeit, in der der Mensch Gott immer mehr vergißt und sich so im Gestrüpp seiner eigenen Lebenswege verliert. Es ist die Lebensunwahrhaftigkeit, in der der Mensch sich selber täuscht und sich hinter einer Maske vor Gott verbirgt.

„Wo bist du?": Bin ich da vor Gott? Vertraue ich ihm so, daß ich keine Angst habe, mich ihm zu stellen, so wie ich bin? Ihm, dem unendlich barmherzigen Vater?

Es gibt die tiefe Erfahrung: Wer wahrhaftig betet, hört

auf, sich vor Gott zu verstecken. Denn wahres Gebet besteht ja zunächst darin, daß ich da bin vor Gott.

In einer Geschichte, die Martin Buber uns aufgezeichnet hat, heißt es so:

„Als Rabbi Schnëur Salman in Petersburg gefangen saß und dem Verhör entgegensah, kam der Oberste der Gendarmerie in seine Zelle. Das mächtige und stille Antlitz des Raw, der ihn zuerst, in sich versunken, nicht bemerkte, ließ den nachdenklichen Mann ahnen, welcher Art sein Gefangener war. Er kam mit ihm ins Gespräch und brachte bald manche Frage vor, die ihm beim Lesen der Schrift aufgetaucht war. Zuletzt fragte er: „Wie ist es zu verstehen, daß Gott der Allwissende zu Adam spricht: ‚Wo bist du?'" „Glaubt Ihr daran", entgegnete der Raw, „daß die Schrift ewig ist und jede Zeit, jedes Geschlecht und jeder Mensch in ihr beschlossen sind?" „Ich glaube daran", sagte er. „Nun wohl", sprach der Zaddik, „in jeder Zeit ruft Gott jeden Menschen an: ‚Wo bist du in deiner Welt? So viele Jahre und Tage von den dir zugemessenen sind vergangen, wie weit bist du derweilen in deiner Welt gekommen?' So etwas spricht Gott: ‚Sechsundvierzig Jahre hast du gelebt, wo hältst du?'"

Als der Oberst die Zahl seiner Lebensjahre nennen hörte, raffte er sich zusammen, legte dem Raw die Hand auf die Schulter und rief: „Bravo!". Aber sein Herz flatterte."

Herr, mein Gott, rufe mich immer wieder bei meinem Namen, wenn ich in der Gefahr bin, mich vor dir zu verstecken. Schenke mir die Gnade des Vertrauens, daß ich nur unter deinem Antlitz leben kann.

6

Daß er jetzt nicht die Hand ausstreckt, auch vom Baum des Lebens nimmt, davon ißt und ewig lebt!

Genesis 3, 22

Der Mensch hatte vom Baum der Erkenntnis genommen. Er wollte sich die Fähigkeit aneignen, selbst zu entscheiden und zu bestimmen, was gut und was böse ist und aus dieser Eigenentscheidung heraus handeln. Jetzt fürchtet Gott, daß er auch vom Baum des Lebens nimmt und ewig lebt.

Will Gott ihm das Leben vorenthalten? Später wird Jesus, der Sohn Gottes, einmal sagen: „Ich bin gekommen, damit sie das Leben haben und es in Fülle haben!" (Joh 10, 10). Was ist die Sorge Gottes? Daß der Mensch seine Hand ausstreckt und *nimmt!* Daß er eigenmächtig an sich reißen will, was nur gegeben werden kann! Daß der Mensch nicht mehr aus der Gnade, sondern aus der Eigenmacht leben will. Die Frucht vom Baum des Lebens nährt nur, wenn sie gegeben wird; wer sie eigenmächtig nimmt, dem fault sie in der Hand! Wir erleben das heute in hohem Maße, wohin es führt, wenn der Mensch alles an sich reißt und alles macht, was er machen kann: Die Erde stöhnt gleichsam unter den Machenschaften des Menschen. Er will das Leben an sich reißen – und das Ergebnis ist angstmachende Todesbedrohung. Und je mehr die Angst wächst, um so mehr will der Mensch sein Leben absichern, um die Angst zu besiegen.

Im letzten Buch der Bibel, in der Offenbarung des Johannes, wird den Erwählten, die im Gehorsam mit Gott gelebt haben, das neue Paradies verheißen: „Wer siegt, dem werde ich zu essen *geben* vom Baum des Lebens, der im Paradies Gottes steht" (Offb 2,7).

Vor einiger Zeit fragte ich einmal einen Freund, was er als die wichtigste geistliche Lebensregel bezeichnen würde oder aus welcher Einstellung er als Christ zu leben versuche. Er gab zur Antwort: sich alles von Gott *geben* lassen! Man könnte auch sagen: das Geheimnis der offenen Hände – zum Empfangen und zum Weitergeben! Es kann sehr schwer sein, mit dieser Weisung ernst zu machen. Vielleicht ist sie in guten Tagen leicht einzuüben. Aber sie enthüllt wohl erst in schweren Tagen am meisten ihre Wahrheit und ihre Tragkraft.

Herr, lehre und stärke mich mit der Kraft deines Geistes, daß ich mich immer mehr darin einübe, alles von dir zu empfangen, ganz aus deiner Gnade zu *leben*.

7

Da sprach der Herr zu Kain: Wo ist dein Bruder?
Er entgegnete: Ich weiß es nicht.
Bin ich der Hüter meines Bruders?

Genesis 4, 9

Wieder das schreckliche, barmherzige Fragen Gottes, das den Menschen zu sich selbst führen soll, zur Erkenntnis, wie es mit ihm steht. Denn nur wenn der Mensch erkennt, wo er steht, kann er sich bekehren. Kains Blick war finster zur Erde gerichtet. Wird er sein Antlitz unter dem Anruf Gottes zu ihm richten?

Durch die Menschheitsgeschichte geht unaufhörlich diese Frage Gottes: Wo ist dein Bruder? Gab es eine Stunde in meinem Leben, wo sie auch mich traf?

Später wird Jesus ein Gleichnis erzählen von dem Mann, der in der Wüste unter die Räuber gefallen ist und nun in seinen Wunden am Weg liegt. Und da heißt es: „Zufällig kam ein Priester denselben Weg herab; er sah ihn und ging weiter. Auch ein Levit kam zu der Stelle; er sah ihn und ging weiter." Hat es das nicht in meinem Leben gegeben, dieses „Er sah ihn und ging weiter"? Den Bruder im Elend, ganz nah oder auch in Afrika (war er mir nicht auf dem Bildschirm ganz nah in den Blick gekommen)?

Habe ich noch nie den Bruder Abel aus dem Weg geräumt? Nicht daß ich ihn erschlagen hätte, nein, aber doch so, daß ich den Konkurrenten „ausgestochen" habe mit vielen Tricks, bis ich obenauf war? Man kann ihn ja auch mit Worten „abstechen" – bis hin zum Rufmord, wie das sehr treffend heißt, diese Kainstat. Manchmal sind es ja nur Nadelstiche, dieses Reden über den Bruder Abel. Aber durch Jahre hindurch fortgesetzt, kann es ihm ganz schön zusetzen, dem Bruder Abel. Bruder? Ist er denn mein Bruder? Bin ich denn sein Hüter? Was geht er mich an?

Daß doch diese Stimme nicht immer wieder hinter mir herriefe: Wo ist dein Bruder? Wo ist dein Bruder? Wo ist dein Bruder?

Am Ende der alten Geschichte steht das schreckliche Wort: „Dann ging Kain vom Herrn weg." –

Ein Gedicht von Hilde Domin hat die Überschrift: „Abel steh auf" und darin:

> ... steh auf
> damit Kain sagt
> damit er es sagen kann
> Ich bin dein Hüter
> Bruder
> wie sollte ich nicht dein Hüter sein
> Täglich steh auf
> damit wir es vor uns haben
> dies Ja ich bin hier
> ich
> dein Bruder
> ...
> Abel steh auf
> damit es anders anfängt
> zwischen uns allen.

Doch Gott beläßt es nicht dabei, Kain einfach weggehen zu lassen. Er beschreitet einen anderen Weg. So gewiß er auch die Tat Kains verurteilt, genauso gibt er seinen Menschen auch eine neue Chance. Gott mißbilligt den Mord an Abel, doch setzt er nicht Gewalt gegen Gewalt, indem er etwa auch Kain umbringen läßt. Gott gibt ihm vielmehr eine große Verantwortung, weil er ihn für die Zukunft des Menschengeschlechts einsetzt. Und Gott tröstet die Mutter, indem er ihr einen anderen Sohn gibt. Da, wo man dessen innewird, wie Gott handelt, da gilt das, was dann in der Bibel kurz später so heißt: „Damals begann man den Namen des Herrn anzurufen" (Gen 4, 26).

Herr, öffne mir Augen und Herz, den Menschenbruder zu erkennen. Öffne mir Augen und Herz, dein Wirken zu erkennen und dich zu preisen.

III

Worte am Morgen

1

*Am Morgen werdet ihr
die Herrlichkeit des Herrn schauen*

Exodus 16,7

„Morgenandacht" heißt eine Sendung im Rundfunk. So ist mir der Gedanke gekommen, an Morgenworte zu denken, die in der Heiligen Schrift zu finden sind.

Ein erstes Morgenwort entdecken wir in jenem uralten Bericht im Buch Exodus, das von der Wanderung des Gottesvolkes durch die Wüste spricht, nach der Befreiung aus der Knechtschaft in Ägypten. Wir werden den Sinn dieses Berichtes, den ich kurz erzählen will, nicht erfassen können, wenn wir bei der Frage stehen blieben: Ist das genau so passiert? Ist das historisch? Wir werden den tiefen Sinn nur erfassen können, wenn wir diesen Bericht in der Sprache der Symbole verstehen und wenn wir ihn verstehen als ein Wort an uns. Als ein Wort, das unser Leben betrifft!

Das Volk ist in der Wüste. Bald mangelt es an Lebensmitteln, das Volk fängt an zu murren gegen Gott und gegen Mose, der es aus Ägypten geführt hat. Da verspricht Gott dem Mose, er werde dem Volk zu essen geben. Er sagt: „Am Morgen werdet ihr die Herrlichkeit des Herrn schauen." Am anderen Morgen ist der Platz des Zeltlagers über und über bedeckt mit weißem körnigem Manna. Aber nun geschieht ein Zeichen: Das Volk war ausdrücklich angewiesen, jeden Morgen nur so viel aufzusammeln, wie jede Familie bis zum Abend brauchte.

Wenn nun aber einige sich absichern wollten und mehr sammelten, als sie für diesen Tag brauchten, faulte das Manna. Nur am Freitag durften sie die doppelte Menge einsammeln, damit der folgende Sabbat ganz ohne Arbeit blieb und so geheiligt werden konnte.

Wie ein Märchen, denken wir. Ja, wie ein Märchen, aber mit einem tiefen Sinn für uns. Wird nicht Jesus später einmal sagen: „Sorgt euch nicht um morgen; denn der morgige Tag wird für sich selbst sorgen." Und: „Unser tägliches Brot gib uns *heute!*"

Aber – müssen wir denn nicht weiter planen und sorgen als nur über diesen Tag hin? Gewiß müssen wir es. Was hier gemeint ist, ist dieses: daß wir nicht in ängstlicher Sorge uns noch und noch raffend absichern, als gäbe es Gott nicht! Diese Geschichte im Alten Testament will unser Vertrauen wecken! In dem Maße, in dem wir vertrauen, werden wir etwas von der Zusage Gottes erfahren können: „Am Morgen werdet ihr die Herrlichkeit des Herrn schauen." Wo unser Herz in ängstlicher Sorge um sich selbst kreist, da kann ihm auch das Gute nicht entgegenkommen, das schon bereitgehalten ist für den kommenden Morgen. Wo aber unser Herz im Vertrauen sich löst und sich freigibt, da ist es auch offen für das Gute, das schon bereitliegt, da zieht das Herz das Gute an sich.

„Am Morgen werdet ihr die Herrlichkeit des Herrn schauen." Ob wir nicht heute morgen den Blick und das Herz öffnen sollten für das Gute, das der Tag für uns bereithält? Wenn wir vertrauend in den Tag hineingehen, vertrauend, daß Gott mitgeht, dann werden wir selbst dann noch, wenn der Tag schwer werden sollte, im Innersten gehalten werden von einer Zuversicht, die nicht von uns gemacht ist, sondern sein Geschenk ist.

2

*Ich aber will jeden Morgen mich freuen
an deiner Huld*

Psalm 59,17

In der Bibel lese ich zwei ganz verschiedene Morgenworte, die beide in den Psalmen stehen. Das eine lautet: „Ich aber will jeden Morgen mich freuen an deiner Huld." Das andere lautet: „Jeden Morgen ist meine Plage da" (73,14).

Welches wollen wir wählen? Sind sie nicht beide Ausdruck menschlicher Erfahrung? Da gibt es gewiß den Morgen, an dem das Herz jubelt über die Erfahrung, daß es gut ist zu leben, über die Erfahrung göttlicher Güte. Und da gibt es den Morgen, der wie Seufzen beginnt – ach, wieder die Plage eines neuen Tages!

Aber – so geht es mir durch den Sinn – sind denn diese beiden Worte ein unvereinbarer Widerspruch? Ob es für den Glaubenden nicht möglich ist, auch in der Plage, mit der der Morgen wieder beginnt, etwas zu erfahren von der Huld Gottes, von der Nähe Gottes?

Ein Mann, den ich gut kenne, der schwer an Krebs erkrankt ist, sagte mir: Wenn ich morgens wach werde und mir meine Misere wieder neu bewußt wird, dann kommt es nicht selten in mir auf: Ach, wieder ein Tag mit Schmerzen, wieder ein Tag mit einem Stück Sterben. Aber wenn ich dann hinsuche zu Gott, wenn ich anfange, erneut zu meiner Krankheit zu stehen – nicht weil das nun einmal Menschenlos ist, sondern weil ich glaube, daß Gott – ich weiß nicht wie – darin ist, daß er darin mir nahe ist, daß ich darin ihm nahe sein kann: Dann löst sich etwas in mir. Nicht daß es Jubel würde, aber doch so etwas wie ein wenig Frieden ganz im Innern und die Überzeugung: Es ist nicht ohne Sinn, es ist nicht ohne Ewigkeitssinn! Es gibt eine Erfahrung des Glaubenden: Preisung in der Not befreit!

„Ich aber will jeden Morgen mich freuen an deiner Huld." Vielleicht lebt, wer es liest, jetzt in einer glücklichen Lebensstunde. Und es fällt ihm nicht schwer, dieses Wort mitzusprechen. Es ist gut, daß wir dies in guten Tagen zulassen, ja daß wir es einüben: die Freude an Gott! So wie die Antennen unseres Lebens gerichtet sind, so werden sie empfangen! Es ist gut, in dieser Einstellung den Morgen zu beginnen: Gott, du bist da. Du bist da mit deiner Huld, mit deiner Zuneigung zu mir hier. Ich freue mich, daß du den neuen Tag schon für mich gesegnet hast. Laß deine Huld und deine Güte heute durch mich zu vielen Menschen kommen, denen ich begegne.

Ein Morgengedicht von Joseph von Eichendorff beginnt mit der Strophe:

> Fliegt der erste Morgenstrahl
> Durch das stille Nebeltal,
> Rauscht erwachend Wald und Hügel:
> Wer da fliegen kann, nimmt Flügel!

„Wer da fliegen kann, nimmt Flügel": Sollten wir dies nicht versuchen: die Flügel unserer Seele weit auszuspannen, daß sie uns hinaustragen aus aller Enge und allen Ängsten in jene Weite hinein, in der wir aus größerer Weitsicht und Übersicht aus unserem Herzen sprechen können: Ich will mich freuen an diesem Morgen an deiner Huld.

3

Meine Seele wartet auf den Herrn
mehr als die Wächter auf den Morgen

Psalm 130, 6

Es gibt Nächte, in denen wir seufzend sagen: Ach, wär doch schon der Morgen da! Wer kennt solche Nächte nicht. Der Kranke, der von Sorge und Angst Geplagte.

In einem kleinen Gedicht von Eduard Mörike, das die Überschrift trägt „In der Frühe", spricht der Dichter sich in einer schlaflosen Nacht selber den Trost zu:

> Kein Schlaf noch kühlt das Auge mir,
> Dort gehet schon der Tag herfür
> An meinem Kammerfenster.
> Es wühlet mein verstörter Sinn
> Noch zwischen Zweifeln her und hin
> Und schaffet Nachtgespenster.
> – Ängste, quäle
> Dich nicht länger, meine Seele!
> Freu dich! Schon sind da und dorten
> Morgenglocken wach geworden.

Die Sehnsucht nach dem Morgen – in einem Psalmwort wird sie als Bild und Gleichnis gebraucht: „Meine Seele wartet auf den Herrn mehr als die Wächter auf den Morgen." Der Wächter am Rand des Kriegslagers, der Wächter auf der Stadtmauer, der Wächter auf dem Schiff in der Nacht – wie sehnt er den Morgen herbei! Aber das ist ein Bild: „Meine Seele wartet auf den Herrn" – oder, wie eine andere Übersetzung sagt: „Meine Seele sehnt sich nach dem Herrn – „mehr als die Wächter auf den Morgen." Kann ich mir dieses Wort zu eigen machen? Warte ich mit solcher Sehnsucht auf den Herrn?

Worauf warte ich? Nicht jetzt an diesem Morgen im Blick auf meinen kleinen Alltag, sondern: Worauf wartet mein Leben? Worauf geht die tiefste Sehnsucht meines Lebens? Gibt es solche Sehnsucht in mir?

Der Beter des Psalms wartet auf Jahwe, den Herrn; auf seine Nähe, auf die Begegnung mit ihm. Für ihn ist Gott Erfüllung aller Sehnsucht, Erfüllung seines Lebens. Für den Christen ist Gott menschlich anschaubar geworden in Jesus Christus. Warte ich auf ihn? Ist er für mich das Ziel meiner Sehnsucht, Erfüllung meines Lebens?

Vielleicht denkt manch einer: Ach, das liegt für mich weit weg! Nicht, daß ich mich dagegen wehrte; nicht, daß ich ohne Sinn dafür wäre – aber es ist eben nicht in mir, dieses Warten auf den Herrn. Was kann ich tun, daß es mehr in mir aufkommen kann?

Vielleicht gehe ich einmal in Gedanken durch, was denn das alles ist, worauf mein Warten geht, worauf meine Sehnsucht geht. Und vielleicht kann ich dann dem Wort der Dichterin Ingeborg Bachmann zustimmen: „In allem ist etwas zu wenig!" Denn alles das, worauf mein Warten geht, reicht nicht hin, wenn es nicht die ganze Erfüllung gibt, wenn es nicht die tiefste Sehnsucht des Herzens stillt nach bleibendem Glück.

Christus verspricht *die* Freude: „Ich werde euch wiedersehen, und euer Herz wird sich freuen, und eure Freude wird niemand mehr von euch nehmen" (Joh 16, 22).

Herr, wecke in mir das Warten auf dich, die Sehnsucht nach dir. Daß ich es wahrhaftig sagen kann: „Meine Seele wartet auf den Herrn mehr als die Wächter auf den Morgen."

4

*Jeden Morgen weckt er mein Ohr,
damit ich auf ihn höre wie ein Jünger*

Jesaja 50,4

Dieses Wort ist vor zweieinhalbtausend Jahren geschrieben worden. Ob es uns heute noch erreichen kann?

Im Jahre 586 v. Chr. wurde Jerusalem erobert und das Volk in die Gefangenschaft nach Babylon geführt. Dort, in den Jahrzehnten der Gefangenschaft, stand im Volk ein Prophet auf, dessen Namen wir nicht kennen – er wird der Zweite Jesaja genannt. Er gehört zu den ganz Großen der jüdisch-christlichen Überlieferung. Er spricht von einem geheimnisvollen Knecht Gottes, der bald kommen werde. Dieser Knecht Gottes werde ein vollkommener Jünger Gottes sein, er werde der wahre Lehrer seines Volkes sein, und er werde durch seinen stellvertretenden Sühnetod die Schuld des Volkes aufheben. Man hat in diesem Gottesknecht den Messias gesehen. So ist dieser Gottesknecht für uns Christen ein prophetisches Bild Jesu Christi.

Dieser Gottesknecht spricht folgendes Wort: „Gott, der Herr, gab mir die Zunge eines Jüngers, damit ich verstehe, die Müden zu stärken durch ein aufmunterndes Wort. Jeden Morgen weckt er mein Ohr, damit ich auf ihn höre wie ein Jünger."

Vielleicht sagt der Prophet dieses Wort von sich selbst, mitten in der Zeit der Gefangenschaft. Aber in der prophetischen Sicht steht jener andere Gottesknecht im

Blick, der einmal als der Messias, als der Christus, *das* aufmunternde Wort der befreienden Frohbotschaft sprechen wird.

Und woher bekommt sein aufmunterndes Wort seine Kraft? „Jeden Morgen weckt er mein Ohr, damit ich auf ihn höre wie ein Jünger"! Im immer neuen Hinhören, jeden Morgen, auf das Wort Gottes, auf das, was Gott ihm sagen will, bekommt der Gottesknecht die Kraft, die Müden zu stärken durch ein aufmunterndes Wort.

„Jeden Morgen weckt er mein Ohr, damit ich höre wie ein Jünger" – ob es sein kann, daß auch wir damit gemeint sind? Ob dieses Wort uns nicht sagen kann, daß wir an jedem Morgen einen Augenblick still werden: zum Hören vor Gott! Aus diesem Da-sein vor Gott, und sei es nur ein Augenblick wahrhaftigen Stehens vor Gott, kann uns die Kraft kommen, wie ein Jünger zu leben, den Tag mehr mit Gott zu leben.

Ich kenne ein ganz kurzes Morgengebet, das trotz seiner Kürze ein gutes Morgengebet sein kann, wenn es aus dem Herzen gebetet wird: „Herr, laß mich diesen Tag mit dir leben!"

Und zu diesem Mit-Gott-Leben gehört gewiß auch, daß ich mit den Menschen lebe, wie Gott es meint. Daß beides miteinander verbunden bleibt, das kann uns dieses Morgenwort geben: Jeden Morgen weckt er mein Ohr, damit ich auf ihn höre wie ein Jünger ... damit ich verstehe, die Müden zu stärken durch ein aufmunterndes Wort.

5

Am ersten Tag der Woche gingen die Frauen am frühen Morgen zum Grab

Lukas 24,1

Wenn man die Morgenworte überschaut, die in der Bibel stehen, wird man bald entdecken, daß in den einzelnen Worten der Morgen eine sehr unterschiedliche Bedeutung, ein sehr unterschiedliches Gewicht hat. Wenn ich nun gefragt würde: Was ist der bedeutendste Morgen in der ganzen Bibel, dann brauchte ich keine Zeit zum Überlegen. Die Antwort wäre für mich eindeutig: Es ist der Ostermorgen. „Am ersten Tag der Woche gingen die Frauen am Morgen zum Grab." Dieses Wort im Lukasevangelium nennt den größten, den bedeutsamsten Morgen der ganzen Weltgeschichte. Denn an diesem Morgen beginnt die Botschaft ihren Weg über den Erdkreis: Jesus von Nazaret, der Gekreuzigte, ist auferstanden! „Was sucht ihr den Lebenden bei den Toten?", so hören die Frauen am Grabe. Dieser eine Ostermorgen verwandelt alles. An diesem Morgen wird offenbar, daß der Tod in Leben verwandelt worden ist. An ihm wird offenbar, daß Gott sein unwiderrufliches Ja in die Menschengeschichte hineingesprochen hat.

Es gibt im 1. Korintherbrief des Apostels Paulus eine dramatische Stelle, in der erkennbar wird, was die Auferstehung Jesu Christi für ihn, für Paulus, bedeutet. Da gibt es in Korinth Leute, die sagen: Es gibt keine Auferstehung der Toten. Dann, so sagt Paulus, ist also auch

Christus nicht auferstanden. Und nun geht durch mehrere Sätze hin Paulus dieser dunklen Spur nach: Wenn die recht haben, dann hat unsere Verkündigung ihren Sinn verloren, dann ist unser Glaube nutzlos, dann sind die Toten tot für immer, dann sind wir, die wir unsere Hoffnung auf Christus gesetzt haben, erbärmlicher dran als alle anderen Menschen.

Und nun ist es, als komme in dem Brief des Apostels an dieser Stelle eine Pause. So als wolle er die Trostlosigkeit des Gesagten bis auf den Boden des Herzens sinken lassen. Dann aber geht es weiter: „Nun aber ist Christus von den Toten auferweckt worden!" Es gibt in der ganzen Bibel kein „Nun aber", das mehr Gewicht hat. Wie ein Fanfarenstoß der Glaubensgewißheit ist dieses „Nun aber ist Christus von den Toten auferweckt worden."

Es gibt in unserer Welt Abgründe von Rätseln und Leid, Abgründe von bitterer Vergänglichkeit und Todverfallenheit. Mancher erwacht morgens mit der Klage, wie ich sie auch in der Bibel gefunden habe: „Am Morgen sagst du: Ach, wäre es doch schon Abend!" (Dtn 28, 67). Es gibt das bittere Warum, das in der Stunde des Leids ohne Antwort bleibt.

Und dennoch: Am Horizont unseres Lebens steigt *die* Antwort auf, die zuletzt allen Trost verbürgt: der Morgen der Auferstehung! „Die einzige Entschuldigung für diese Welt ist die Auferstehung", sagt der französische Schriftsteller Léon Bloy.

Aber diese Antwort bleibt nicht fern am Horizont stehen. Von diesem einen Ostermorgen her fällt so viel Licht auf unseren Weg, daß wir immer wieder Auferstehungen in unserem Leben entdecken können, Vorboten der kommenden und bleibenden Auferstehung. Im Lichte dieser Auferstehung kann ich meinen Weg gehen.

6

*Als der Morgen dämmerte,
stand Jesus am Ufer*

Johannes 21, 4

Von allen Morgenworten der Bibel ist mir das liebste jenes, das im letzten Kapitel des Johannesevangeliums steht. Es ist nach Ostern. Die Jünger sind allein, der Herr ist nicht mehr bei ihnen. Sie finden sich in dumpfer Ratlosigkeit. Wie in einer planlosen Beliebigkeit sagt Petrus: „Ich gehe fischen" – so wie man halt in einer leeren Stunde irgend etwas tut, was man ebensogut auch lassen könnte.

Eine ganze Nacht sind sie zum Fischfang auf dem See. „Aber in dieser Nacht fingen sie nichts", so heißt es da. Mit von Enttäuschung und Trauer verschattetem Herzen fahren sie dem Ufer zu. Und dann steht da: „Als der Morgen dämmerte, stand Jesus am Ufer." Das ist das Morgenwort am Ende des Evangeliums.

Es ist alles wie ein Bild, alles ist Sprache des Symbols. Es geht um die Frage: Hat alles noch Sinn? Erfüllt sich unser Leben? Werden wir erwartet? Die Arbeit einer ganzen Nacht – leere Netze. Die Mühe eines ganzen Lebens – leere Netze. Ist es so mit unserem Leben?

„Als der Morgen dämmerte, stand Jesus am Ufer." Der da am Ufer steht, der unerkannte Auferstandene schickt sie noch einmal zum Fang aus: „Werft das Netz auf der rechten Seite (auf der Glücksseite) aus und ihr werdet fangen." Vorher waren sie im Eigenentwurf ihres Lebens ausgefahren, jetzt tun sie es in seinem Auftrag, jetzt tun sie es im Vertrauen auf ihn: Und ihre Netze füllen sich überreich! Von ihm her, der da am Ufer unseres Lebens steht, verwandelt sich alles. Von daher müssen wir handeln und leben.

Nun ist ihr Leben nicht mehr in der Nacht, sondern im hellen Morgenlicht des Auferstandenen: Und alles ist neu! Auf ihrem Tun, auf dem bisher die Aussichtslosigkeit der Nacht lag, liegt jetzt der Glanz des Osterlichtes. Und das Sinnlose verwandelt sich in Sinn und Fülle.

Gibt es das, daß man diese Erfahrung macht und sie sich eingestehen muß: Aller Aufwand im Eigenentwurf war vergeblich, war Schein-Werk, da er nicht beseelt und belebt war von dem her, der am Ufer von Zeit und Geschichte steht und alle Lebensangst zur Ruhe bringen will? Manchmal muß der Mensch bis an den äußersten Rand dieser schmerzlichen Erfahrung kommen, damit er vom Ufer her das rettende Wort hören kann.

Und dann, wenn das mutige Loslassen des Eigenentwurfs gelingt, wenn man sich im Vertrauen auf ihn darauf einläßt, neu zu beginnen, dann kann es geschehen, daß unserem Tun Richtung, Sinn und Erfüllung geschenkt wird – aus seiner Nähe, aus seiner Weisung.

Es ist gut zu wissen: Einer wartet auf uns am Ufer, in der Nacht und Vergeblichkeit unseres Lebens. Und wenn in uns, jenseits von Resignation und vielleicht sogar von Verzweiflung noch etwas lebendig ist an Sehnsucht nach ihm, wenn das Steuerruder unseres Lebensbootes immer noch, wenn auch in aller Unbeholfenheit, hinsucht zum Ufer, wo er steht, dann kann es sein, daß das leere Netz unseres Lebens sich füllt, randvoll, von ihm her. Dann ist in uns die letzte Erfahrung reif geworden: Alles ist Gnade!

Einer wartet auf uns. „Als der Morgen dämmerte, stand Jesus am Ufer." Wenn wir das glauben können, dann kann jeder Tag ein kleiner Schritt sein hin auf eine letzte Erfüllung. Und die schenkt Er!

IV

Worte zu den Grenzen des Lebens

1

Begegnung mit meinem Schatten

Bei der Dichterin Marie Luise Kaschnitz lese ich das Wort „Altsein heißt suchen." Wie soll ich das verstehen? Könnte man nicht denken, daß das Gegenteil richtiger wäre: Altsein heißt, das Suchen endlich lassen? Wonach denn suchen? Nach dem, was ich eigentlich bin! „Der Sinn und die Aufgabe des Alters ist die Rückkehr aus allen Entfremdungen in die Eigentlichkeit der persönlichen Existenz" (Anton Székely).

Es gibt zwei Lebensalter, in denen die Frage: Wer bin ich? besonders andrängt. Das ist die Zeit etwa zwischen 18 und 23 Jahren, und es ist die Zeit des Alters. Aber in der Zeit der Jugend hat diese Frage doch mehr den Klang: Was kann ich? Im Alter hat sie den Klang: Wer bin ich denn eigentlich hinter allen Entfremdungen und Verfremdungen, die das Leben und ich mir selber angetan haben? Unter den 63 Selbstbildnissen Rembrandts scheinen mir die Altersbildnisse die eindrucksvollsten zu sein; man denke etwa an das erschütternde Selbstbildnis, das er nach seinem Bankrott gemalt hat. – Es ist die Frage und das Suchen des Menschen nach seiner Lebenswahrhaftigkeit.

Es gibt auf dem Reifungsweg zum Alter zwei Gefährdungen, die dem Prozeß der Lebenswahrhaftigkeit entgegenstehen: die Erstarrung, Verfestigung (Gesetz, Verkopfung, Ritualismus, Absicherung) und die Auflösung (Ordnungslosigkeit, Unzuverlässigkeit, Konturlosigkeit, Haltlosigkeit). In der Verhärtung steckt die Grundgebärde des Sich-festhalten-Wollens, des Nichtloslassen-Könnens. Die der Starrheit entgegengesetzte Gefährdung ist das Sich-Gehenlassen (Graf Dürckheim).

Wenn der alternde Mensch nicht mehr in seiner Berufsarbeit steht, kann sich eine Leere auftun, in der eine innere Problematik offenbar wird, die bisher nicht in Erscheinung trat, weil die Berufsarbeit davon ablenkte. Das Alter ist die Zeit, in der noch einmal – zum letzten Mal – das Angebot da ist, den eigenen Schatten zu erkennen. Der Schatten – im Sinne der Tiefenpsychologie – ist: ins Unbewußte verdrängtes Leben, vom „Ich" abgelehntes Leben, das doch zu mir gehören will. Der dunkle Bruder meines Lebens. Meine verdrängte, abgespaltete Lebensseite. Wenn ich meinen Schatten nicht mehr wahrnehmen kann – er ist ja ins Unbewußte verdrängter Lebensanspruch –, beginnt er aus dem Unbewußten Störsignale zu geben (etwa Depressionen, Verbitterungen, Reizbarkeit). Am liebsten projizieren wir unseren Schatten, um seinen Druck loszuwerden, ahnungslos, oft mit Aggressionen, auf andere Menschen oder auf Institutionen. Aber so kommen wir nicht von diesem noch unerkannten Schattenbruder los, der ein Stück unserer inneren Wirklichkeit ist. Oder aber wir versuchen uns gegen den Druck des Schattens in uns abzusichern, abzuschotten durch strenge Verhaltensmechanismen und durch Regulierung unseres Verhaltens, um nicht durch den dunklen Bruder aus der Bahn geworfen zu werden.

Wir müssen unseren Schatten kennenlernen, uns ihm stellen, ihn schließlich annehmen. „Man wandelt nur das, was man annimmt" (C. G. Jung). Wenn wir unseren

Schatten annehmen, enthüllt er uns seine Zukunftskraft: „Suche im Schatten den Quell des Lebens" (E. Drewermann). Denn im Schatten liegt ja, gleichsam eingefroren, verdrängtes Leben, das ans Licht verlangt. (Die Märchen wissen viel von dieser Schattenverwandlung durch Annahme zu erzählen.) „Kein gültiges Werden ohne Wahrnehmung des Schattens" (Dürckheim). Der Schatten macht sich bisweilen bemerkbar in unseren unkontrollierten heftigen Reaktionen auf Eigenschaften anderer, die wir nicht (an uns!) leiden mögen. Oder in Träumen, in denen eine von uns negativ empfundene Gestalt auftaucht, von der wir dumpf ahnen, daß sie etwas mit uns zu tun hat (Mephisto als Schattengestalt Fausts).

Die Entstehung des Schattens geht oft bis früh in die Kindheit zurück. Sie kann sowohl schicksalhaft wie auch schuldhaft sein. Wenn wir auf einen Lebensanspruch in bewußter und motivierter Verarbeitung verzichten um eines höheren Gutes willen, wird er nicht zum Schatten; er wird gleichsam als „Opferflamme" Licht. Den Schatten kommen lassen heißt nicht einfach: ihn ausleben.

Jeder hat seinen Schatten. Er gehört zum Menschen (vgl. A. Chamisso, Peter Schlemihl; H. von Hofmannsthal – R. Strauss: Die Frau ohne Schatten). Die Heiligen haben sich mit ihrem Schatten auseinandergesetzt. Esau ist Schattengestalt Jakobs. Im Gleichnis vom verlorenen Sohn sind die beiden Brüder einander Schattengestalt...

Das Erkennen des Schattens kann auch noch im Alter ein Stück Befreiung und Gelassenheit bewirken. Wir entdecken etwa „Skripts" der Eltern, Empfehlungen oder Verbote, „Botschaften" der Eltern, die uns ins Leben hinein mitgegeben wurden – vielleicht nicht durch Worte, sondern durch das Verhalten der Eltern –, die unser Leben verfremdet haben. Vielleicht können wir uns im Alter von diesen falschen Skripts nicht mehr ganz befreien; aber indem wir sie erkennen, gewinnen wir doch zu ihnen ein Stück guter Distanz, die uns etwas freier und gelassener machen kann. Die Fragen, die wir uns stellen können, lauten: Was hat mir meine Mutter am meisten empfohlen? verboten? Und ebenso mein Vater. Welche „Botschaft" hat mir meine Mutter, mein Vater am meisten ins Leben mitgegeben? Zum Beispiel: Ob ich den Menschen vertrauend begegne oder im Mißtrauen. Oder: Du kannst das nicht – oder: Du wirst es schon schaffen ...

Im Laufe unseres Lebens hat sich unsere „Persona" aufgebaut. Die „Persona" ist das „Ansehen", das ich in der Gesellschaft von mir aufgebaut habe, das die Gesellschaft von mir aufgebaut hat. Die „Persona" kann zur Maske, zur Fassade werden. Die Relativierung oder auch Entlarvung dieser Persona gehört zum Reifungsprozeß des Alterns. Das kann schwer werden, denn es bedeutet ein Loslassen. Nicht selten merkt der alternde Mensch nicht, daß er sich im Laufe des Lebens mehr und mehr mit seiner „Persona" identifiziert hat. Er merkt nicht, daß das nur eine Außenseite seines Lebens ist – was aber ist er selbst?

„Altsein heißt suchen", so begann unsere Notiz. Suchen nach dem, was ich *eigentlich* bin, so wie Gott mich sieht. Und: suchen nach dem Vertrauen, daß ich vor Gott so sein darf, wie ich bin, wie ich geworden bin – wenn ich nur dazu stehe. Suchen nach dem Vertrauen, daß ich mich loslassen darf, daß ich mich fallen lassen darf in Ihn hinein.

2

Jetzt beginne ich zu verstehen

„Knapp wie der Strich eines Künstlers im Alter", so lese ich bei Erhart Kästner. Und er fügt hinzu: „Denn Gott macht das Gewaltige gewaltig; das Gewaltigste aber malt er mit dem feinsten Stift und mit seinen leisesten Pinselzügen." Das ist eine Aufgabe und eine *befreiende* Möglichkeit des Alters: einfach werden, weglassen! Man kann dies oft sehen am Spätstil von Künstlern: die Werke werden einfacher und tiefer, wesentlicher. C. F. von Weizsäcker schreibt: „Die formalen Merkmale des Altersstils: ein Wegsinken der Pflicht und des Ehrgeizes, klassisch zu sein; die unglaubliche Dichte distanzierter Direktheit – ‚als ich siebzig war, konnte ich meines Herzens Regungen folgen', sagt Konfuzius" (Der Garten des Menschlichen). „Ein Wegsinken der Pflicht und des Ehrgeizes, klassisch zu sein" – wir werden überlegen müssen, wie das für uns zu übersetzen ist. Die Grundlinien unseres Lebens – und Betens! – können einfacher, tiefer, dichter, wahrhaftiger werden, auch überzeugender.

Dahin gehört auch die andere Bemerkung Erhart Kästners: „Das fortschreitende Leben schenkt keine matteren Eindrücke, wie man irrtümlich glaubt, sondern stärkere." Die Fähigkeit, Leistungen nach außen hin zu erbringen, läßt nach. Der Anruf aber und die Fähigkeit, den Weg nach innen zu gehen und von innen her zu reifen, wird stärker. Das zu erkennen und wahrzunehmen ist eine Chance des Alters. Mancher Alternde verpaßt diese Chance, indem er immer noch den Akzent auf die Leistung setzt, vielleicht um damit doch noch Ansehen auf sich zu ziehen, und den Weg der inneren Reifung versäumt. „Der Sinn des Alters ist nicht die Leistung in der Welt, sondern die Reife." Jene Reife, in der die Berufung zu Gott hin immer mehr durchkommen kann und die „etwas Lichtes, Wärme, Sicherheit, Angstlosigkeit ausstrahlen kann" (Graf Dürckheim). Vielleicht kann diese Reife um so eher wachsen, als eine liebende Bejahung des Lebens und der Welt vorausgegangen ist. Erfahrungsgemäß wirkt sich der angstmachende Schatten im Alter um so stärker aus, als das wahre, von Gott gemeinte Leben nicht gelebt worden ist.

Eine Erinnerung taucht in mir auf. Meine Großeltern wohnten auf einem Bauernhof, der in Holland sehr einsam in den Rheinwiesen gelegen war. Es war damals, in meiner Kindheit, noch ein Bauernhof alten Stils: mit Riet gedeckt, ohne elektrisches Licht, ein Ziehbrunnen unter den hohen Bäumen vor dem Wohnhaus; wegen des Hochwassers vom Rhein her waren Haus und Scheune auf einem „Poll" gebaut, einem künstlich aufgeworfenen Hügel. Nach dem Abendessen saßen die Großeltern im Sommer draußen auf einer Bank, von der man in die weite Wiesenebene schaute. Selten wurde ein Wort gesprochen, schweigend schauten sie in die stille Landschaft, in der hin und wieder der Ruf des Kiebitzes zu hören war. Unvergeßlich sind mir diese Abendstunden geblieben, in die ich als Kind einbezogen wurde.

Heute denke ich mir, daß meine Großeltern das taten, was wir heute mühsam und oft kümmerlich genug in Meditationskursen zu erlernen versuchen. Das ahnte ich wohl, daß dieses Schweigen der alten Großeltern für sie eine gesegnete Stille war. Wenn dann der kühle Abendhauch zu spüren war, gingen die Großeltern ins Haus, und mit der ganzen Familie, mit Knecht und Magd, wurde in der Küche, vor den geflochtenen Stühlen kniend, der Rosenkranz gebetet.

Versunkene Zeit. Aber muß das versunken sein, was bleibend dem Alter zugewiesen ist: in der Stille, im Verweilen die innere Welt wahrnehmen; das Schmecken und Kosten der Dinge von innen her (Ignatius)? Und so erwartungsvoll offen werden für die kommende Welt?

In seinem Buch „Die vergebliche Warnung" schreibt Manès Sperber zu einer Betrachtung von Rembrandt-Bildern in Amsterdam:

„Ich hatte das Gefühl, daß in alldem ein Gleichnis enthalten wäre, welches ich eines Tages aufdecken und enträtseln müßte. Da war das Licht der Farben, das ein Dunkel verhüllte und gleichermaßen zur Geltung brachte. Das Licht scheint in der Finsternis, aber verjagt sie nicht, sondern begrenzt sie nur. Auch auf Bildern anderer Maler sah ich ähnliches, aber bei Rembrandt fand sich noch eine Besonderheit, die mich in uferlose Nachdenklichkeit versetzte: Die Gesichter der Porträtierten waren zumeist undeutlich in all ihren Zügen und Merkmalen, aber wenn ich sie lange genug betrachtet hatte, war mir, als ob es nur eines Wenigen bedürfte, damit ich in ihnen noch viel mehr erblicken könnte, als ich sah: Ein ganzes Leben war noch da, nicht dargestellt, nicht in Falten halb versteckt, es war unmittelbar da. Die schweren Rahmen begrenzten die Fläche des Bildes, aber nicht seine Tiefe." Sind solche Augen, die die Tiefe der Dinge ahnen können, nicht ein Geschenk des Alters? „Alles Sichtbare ist ein in einen Geheimniszustand erhobenes Unsichtbares" (Novalis).

In seinem anderen Buch „Die Wasserträger Gottes" schreibt Sperber: „An manchem Freitagabend erschien, stets unangemeldet, der Großvater meines Vaters. Als ich ihn kannte, war er bereits über achtzig; ein langer, weißer Bart bedeckte seine Brust; wenn er im Gespräch den Kopf zurückwarf, erblickte man eine schneeweiße oder dunkle seidene Schnur an seinem Kragen. Seine Augen waren jung geblieben – furchterregend, wenn er böse oder auch nur mit irgendeiner Meinung nicht einverstanden war. Sonst aber war sein Blick aufmerksam, ja kindlich neugierig ...

Er verbrachte sein Leben mit Lernen, dem Studium der heiligen Bücher und ihrer Kommentare; auch deshalb zog er sich von der Welt zurück. In frühester Morgenstunde lief er aus dem Haus, um sein kaltes Tauchbad zu nehmen. Er lief, denn er hatte keine Zeit. Dem Arzt, der dem Greis nahelegte, seinen Eifer zu mäßigen, erklärte er: ‚Ich habe keine Minute zu verlieren, denn erst jetzt beginne ich, *wirklich* zu verstehen. Jetzt erst offenbart sich mir, was allein das Wesentliche ist.'

Ja, Reb Boruch lief, weil das Studium ihm keinen freien Augenblick ließ, aber auch weil er den Menschen ausweichen wollte. Er vertrug die Banalität nicht und nicht die Alltäglichkeit. Er ging fast nie ins Bethaus, sondern verrichtete seine Gebete im Studierzimmer. Manchmal, bei Anbruch des Abends, mochte es geschehen, daß er im weißen Kittel das Haus verließ und zu dem Hügel eilte, von dem aus er Ausschau hielt nach dem Messias; dieser mußte zwar nicht gerade zu dieser Stunde kommen, aber es gab keinen Augenblick, in dem er nicht hätte kommen können. Ich weiß nicht, ob mein Urgroßvater wirklich enttäuscht heimkehrte."

3
———

Zwei Weisen der Einsamkeit

Da lese ich, daß das Spätwerk der Künstler mehr soliloque sei und deshalb dem großen Publikum nicht sehr entgegenkomme. Soliloque, das heißt Selbstgespräch, aber doch in einem tiefen Sinne. Ist das mit dem Altern so? Ich denke, es gibt zwei Weisen der „Soliloquitas", so wie es zwei Weisen der Einsamkeit gibt. Im Tagebuch von Cesare Pavese („Das Handwerk des Lebens") fand ich die schreckliche Notiz: „6. November. Ich verbrachte den Abend vor dem Spiegel sitzend, um mir Gesellschaft zu leisten ..."

Es gibt eine Altersgeschwätzigkeit nach außen hin, die den Zuhörern lästig wird. Und es gibt ein ungutes soliloque nach innen hin: ein In-sich-hinein-Verkümmern, grämlich oder verbittert, vereinsamt. Aber es gibt auch ein soliloque – wie auch eine Einsamkeit –, aus der große Reife und Altersweisheit ausstrahlt, für den, der sie wahrnehmen kann.

Solches soliloque hat etwas mit dem Tod zu tun, der seinen Schatten *und* sein Licht schon herüberwirft! Solches soliloque hat etwas zu tun mit dem Urwort Gottes an Abraham: „Geh du aus deinem Land, von deiner Verwandtschaft und aus deinem Vaterhaus in das Land, das ich dir zeigen werde" (Gen 12, 1). Dieser Anruf zum Aufbruch kennt zwei Zeiten im Leben des Menschen, in denen in ganz verschiedener Weise eine natürliche Disposition dafür gegeben ist. Es ist zuerst die Zeit der Adoleszenz, des Übergangs in das Erwachsenensein. Und es ist die Zeit des Alters, in der der Ruf zum Aufbruch, zum Loslassen mit letzter Eindringlichkeit an den Menschen kommt: „Geh du aus deinem Land..."!

„Wie viele Schicksalswege kreuzen und überschneiden den unseren von dem Augenblick, seit unser Bewußtsein und unser Herz erwachte, bis zu jener Neige, an der der Tod sich durch eine gewisse Einsamkeit ankündigt, die schon der Einsamkeit zugehört, von der Pascal spricht. ‚Wir sterben allein'" (Mauriac). Deutlicher als je in unserem Leben hören wir das Schwirren des Pfeils, der im Augenblick der Geburt abgeschossen wird und uns in der Todesminute erreicht (Jean Paul). Kommt dann nicht auch die Angst auf, die das soliloque überschattet? Diese Angst liegt in unserer Natur. Aber ob diese Angst uns ins Bodenlose zieht oder ob wir in ihr aufgefangen werden, das hängt wohl davon ab, ob wir glauben, daß der Tod alles sinnlos macht oder daß er allem Sinn gibt! Ob wir an das „Paradox" glauben, daß alles Leben im Tod wurzelt.

In unserer Dorfkirche hängt die Nachbildung einer alten koptischen Ikone. Da geht Christus seines Weges und neben ihm geht ein Jünger. Und Christus legt den rechten Arm um die Schulter des Jüngers, und so gehen sie beide zusammen ihres Weges. „Fürchte dich nicht, ich bin bei dir!" Und wenn es uns manchmal so scheint, als lasse er uns eine Zeit allein, dann ist es vielleicht, weil er uns sagen will: „Ich gehe, euch eine Wohnung zu bereiten. Wenn ich gegangen bin und euch eine Wohnung bereitet habe, komme ich wieder und werde euch zu mir holen, damit auch ihr dort seid, wo ich bin."

In seinem Buch „Kampf und Kontemplation" berichtet Roger Schutz ein liebenswürdiges Erlebnis: „In der Kirche bringt mir Martin eine Zeichnung, auf die er mit seiner Kinderschrift folgende Worte geschrieben hat: ,Du wirst niemals alt werden'. Ich frage ihn, wie er das meint. Er antwortet: ,Ich werde dein Diener sein, ich bringe dir zu essen'. Das siebenjährige Kind, still und aufmerksam, sitzt neben mir. ,Ich bringe dir zu essen'. Dieses Wort beglückt mich für lange Zeit."

Du wirst niemals alt werden, ich bringe dir zu essen. Ich höre in mein Altern hinein jene anderen Worte: „Wer von diesem Brot ißt, wird leben!... Sie werden niemals zugrunde gehen. Niemand wird sie meiner Hand entreißen..."

Früher sagten wir an den Stufen des Altars den Psalmvers: „... ad Deum, qui laetificat juventutem meam ... zu Gott, der meine Jugend erfreut". Manchmal bedaure ich es, daß wir nicht mehr sprechen, wenn wir zum Altar hintreten. Heute verstehe ich ihn tiefer als je zuvor in meinem Leben.

4

Karfreitag

1. „Da ließ Pilatus den Barabbas frei, um das Volk zufriedenzustellen, Jesus aber ließ er geißeln und übergab ihn zur Kreuzigung" (Mk 15,15), so berichtet das Evangelium. Eine Geißel bestand damals aus Lederriemen, an denen Metallstücke befestigt waren. Oft wurde der Gegeißelte bis auf die Knochen zerfleischt. Es gibt Berichte aus der Zeit Jesu, daß der Verurteilte die Geißelung nicht lebend überstand. Wahrscheinlich wurde ein zum Kreuzestod Verurteilter immer vorher gegeißelt.

Der Kreuzestod galt als der weitaus schändlichste Tod. Der Verurteilte wurde nackt gekreuzigt, seiner Menschenwürde beraubt. Der Längsbalken des Kreuzes wurde vorher schon fest im Boden verankert. Den Querbalken mußte der Verurteilte selbst zum Hinrichtungsort tragen, wenn er nach der Geißelung noch dazu imstande war. Jesus war offenbar schon so geschwächt, daß unterwegs ein vom Feld herkommender Bauer, Simon von Cyrene, von den Soldaten gezwungen wurde, die Last des Querbalkens mit zu übernehmen. Die Legionäre führten den Verurteilten durch das Gewirr der Gassen: Viele sollten zur Abschreckung den Geschundenen sehen.

Dann führte der Weg durch das Stadttor vor die Stadt. Innerhalb der Stadtmauer durfte keine Hinrichtung sein.

Ausgrabungen in jüngster Zeit haben gezeigt, daß nahe vor der damaligen Stadtmauer ein alter Steinbruch war, in welchem noch eine schädelförmige, elf Meter hohe Felskuppe stehengeblieben war. Wahrscheinlich wurde der zur Zeit Jesu schon aufgegebene Steinbruch von den Bewohnern der Stadt als Schuttabladeplatz benutzt. Aus dem Schutt ragte der Fels Golgota heraus. Dort war die Kreuzigungsstelle. Wahrscheinlich war die Stadtmauer so nahe, daß von dort die Leute der Kreuzigung zuschauen konnten.

Im Jahre 1969 hat man in Jerusalem die Gebeine eines Gekreuzigten in einem kleinen Steinsarg gefunden. Auf dem Steinsarg war auch der Name des Gekreuzigten verzeichnet: Jehohanon, was Johannes bedeutet. Dieser Fund gibt Hinweise auf die Art der Kreuzigung. Der gekreuzigte Jehohanon war ein noch junger Mann, etwa 26 Jahre alt. Mit einem 17 cm langen Nagel waren beide Füße zusammen angenagelt worden; der Nagel, noch mit einem Stück Holz behaftet, steckte in einem Fersenbein. Die Schienbeine waren zersplittert, also offenbar dem Gekreuzigten mit einer Keule zerschlagen worden, um den Tod schneller herbeizuführen. Bei den Händen waren in diesem Falle die Nägel nicht durch die Handflächen geschlagen, sondern durch die Arme zwischen Elle und Speiche.

So ähnlich wird es wohl auch bei Jesus gewesen sein. Das Evangelium berichtet: „Als sie an die Stätte kamen, die Golgota, das heißt Schädelstätte, genannt wird, gaben sie ihm Wein mit Galle vermischt zu trinken; und als er davon gekostet hatte, wollte er nicht trinken" (Mt 27,33f.). Es war ein Brauch bei den Juden, daß Frauen den Verurteilten einen Trank geben durften, der etwas betäubte.

Die Henkersknechte rissen Jesus die Kleider vom Leib. Man warf ihn zu Boden und nagelte ihn mit den Armen am Querbalken fest, der auf dem Boden lag. Dann zog man ihn mit dem Querbalken am aufrecht stehenden Pfahl hoch und nagelte seine Füße mit einem langen Schmiedenagel an den Pfahl.

In einem Buche über den Tod am Kreuz lese ich: „Die Sonne brennt auf den nackten Körper. Der Schmerz der Nagelwunden hält unvermindert an. Die Dehnung der Muskeln führt zu einem Muskelkrampf. Dieser breitet sich schleichend über den ganzen Körper aus. Er beginnt in den Armen und wandert zur Körpermitte. Irgendwann erreicht er die Atemmuskulatur. Der Hängende leidet unter Atemnot. Der Druck des Blutes fällt. Sein Sauerstoffspiegel nimmt ab, der Kohlensäuregehalt steigt. Der Durst wird zur Qual. Das Herz schlägt schneller. Schweiß rinnt über den Körper. Die Körpertemperatur erhöht sich.

Solange seine Kraft reicht, kann der Gekreuzigte sich trotz aller Schmerzen nach oben stemmen und die Muskelspannung in den Armen für kurze Zeit vermeiden. Dann atmet er etwas leichter. Doch dieses Aufbäumen kostet Kraft. Schließlich versagen die Beine den Dienst.

Die Atemnot wird drückender. Der Sterbende fühlt würgende Enge. Angst ergreift ihn. Die Durchblutung von Kopf und Herz wird immer schwächer. Der Körper erhält kaum noch Sauerstoff. Der Schlag des Herzens setzt aus. Der Kopf neigt sich vornüber auf die Brust." (Kurt A. Speidel, Das Urteil des Pilatus, Stuttgart).

2. Der Passionsbericht des Evangeliums sagt: „Als die sechste Stunde kam, brach über das ganze Land eine Finsternis herein. Sie dauerte bis zur neunten Stunde. Und

in der neunten Stunde rief Jesus mit lauter Stimme: Eloï, Eloï, lema sabachtani?, das heißt übersetzt: Mein Gott, mein Gott, warum hast du mich verlassen? Einige von denen, die dabeistanden und es hörten, sagten: Hört, er ruft nach Elija! Einer lief hin, tauchte einen Schwamm in Essig, steckte ihn auf einen Stock und gab Jesus zu trinken. Dabei sagte er: Laßt uns doch sehen, ob Elija kommt und ihn herabnimmt. Jesu aber schrie laut auf. Dann hauchte er den Geist aus. Da riß der Vorhang im Tempel von oben bis unten entzwei" (Mk 15,33–38).

In der Stunde, als Jesus am Kreuz starb, waren nach dem Johannesevangelium die Juden in Jerusalem dabei, das große Paschafest zu bereiten, die Erinnerung an die Befreiung aus der Knechtschaft Ägyptens. Im Vorhof des Tempels wurden zu dieser Stunde die Paschalämmer geschlachtet. Die Juden, die das tun, wissen nicht, daß in eben dieser Stunde vor den Toren der Stadt das wahre Paschalamm sich opfert, daß dies die Stunde *der* Befreiung, *der* Erlösung ist aus der Knechtschaft der Sünde und des Todes!

Der Bericht im Alten Testament, der die Juden auffordert, Jahr für Jahr das Paschafest zu feiern, sagt, daß das Lamm, welches für dieses Erinnerungsmahl geschlachtet werden soll, fehlerlos sein muß und daß von ihm kein Knochen zerbrochen werden darf. Als Jesus am Kreuz starb, zerschlugen die Henkersknechte den beiden Mitgekreuzigten die Beine, bei Jesus aber taten sie das nicht, sondern ein Soldat stieß ihm mit einer Lanze ins Herz, um sicher zu sein, daß Jesus nun tot war. So zeigten die Henkersknechte ahnungslos, wo das wahre Paschalamm war, das die Vorbilder erfüllte.

Wenn der Abendstern aufleuchtet, beginnt der Sabbat. Die Menschen in Jerusalem versammeln sich in ihren Familien um den festlichen Tisch zum Paschamahl. Sie wissen nicht, daß an diesem Nachmittag etwas Unausdenkliches geschehen ist. Sie wissen nicht, daß jener Gekreuzigte ins Grab gelegt worden ist und daß jene Stunde bevorsteht, die für die Christen die größte, niemals überbietbare Stunde der ganzen Menschheitsgeschichte ist: die Auferstehung!

3. Vor dem Geschehen am Karfreitag erhebt sich die schwere Frage: Wenn dieser Jesus von Nazaret der Sohn Gottes war, warum mußte er so leiden? Und diese Frage hängt mit jener anderen Frage zusammen, die die schwerste und unlösbar erscheinende Frage des Glaubenden überhaupt ist: Wenn Gott der barmherzige Vater ist, wie Jesus es selbst gelehrt hat, wenn Gott die Liebe ist, warum gibt es dann das abgründige Leid in der Welt? Wie kann der gute Gott das zulassen? Warum hat dieser Gott eine solche Welt geschaffen, auf der es soviel Leid und Schuld gibt? Wie sollen wir vor dem Vaterantlitz Gottes mit dem Leid in der Welt fertig werden? Kann da nicht für den Glaubenden die große Verunsicherung kommen, in der er angesichts der Verhüllung des Vaterantlitzes in den Zweifel fällt: Ist er denn da? Die Verhüllung des Vaterantlitzes Gottes kann so schrecklich sein, daß – wie Jesus es einmal sagt – selbst die Auserwählten in die Irre geführt werden könnten. Reinhold Schneider, ein großer christlicher Zeuge, hat einmal in solcher Anfechtung den Satz geschrieben: „Des Vaters Antlitz hat sich ganz verdunkelt; es ist die schreckliche Maske des Zerschmeißenden, des Keltertreters; ich kann eigentlich nicht ‚Vater‘ sagen."

Vollendet hat die Vaterunser-Bitte: „Und führe uns

nicht in Versuchung" ganz besonders dies im ‚Bewahre uns davor, daß wir an dir nicht irre werden!'

Ja, Gott ist für uns auch der dunkle Gott! Das abgründigste Geheimnis, das wir von uns aus nicht aufhellen können: Gott ist der Allernächste und der Allerfernste! Auch Jesus, der das Vaterantlitz Gottes als Kern seiner Botschaft verkündet hat, hat in seiner Menschheit diesen dunklen Gott erfahren. Der Hebräerbrief sagt, daß er unter Tränen und Blutschweiß zu diesem Gott geschrien hat. Und am Kreuz hat er gerufen: „Gott, mein Gott, warum hast du mich verlassen?"

Ist Jesus also am Ende auch irre geworden an seinem Vatergott? Er ist in der Qual des Angenageltseins in den Tod gefallen mit dem Wort: *„Vater,* in deine Hände gebe ich mein Leben!" *Er* hat den Glauben an den Vatergott durchgehalten im letzten äußersten Ernst dieser Todesprüfung.

Das Vaterantlitz des barmherzigen Gottes und das abgründige Leid in der Welt – wir sagten, daß wir mit unserem *Verstand* niemals den Weg finden werden, dies zusammenzubringen. Gibt es auch für den Glauben keinerlei Antwort auf diese schwerste Frage von Gott? Vielleicht können wir tastend nach einer Glaubensantwort suchen.

Gott hat den Menschen als freies Wesen geschaffen. Er gab ihm damit die Möglichkeit, frei zu wählen: das Leben als Geschenk anzunehmen und also aus der Gnade zu leben oder es aus der Eigenmacht selber aufzubauen und aus sich selber heraus im Eigenentwurf zu leben. Die Paradiesgeschichte zeigt, daß der Mensch den Eigenentwurf und die Selbstmacht gewählt hat.

Gott wußte, wie der Mensch wählen würde. Er übernahm selber die Verantwortung dafür, daß er trotzdem den Menschen mit seiner Freiheit geschaffen hatte. Gott übernahm insbesondere die Verantwortung für das Leid der Unschuldigen. Wie aber hat er diese Verantwortung übernommen und eingelöst?

Gott, der gute, barmherzige Vater ist zugleich der allmächtige Gott. Aber seltsam – seine Allmacht gebraucht er nicht, indem er mit seiner Macht dazwischenfährt, sondern: seine Allmacht nimmt die Gestalt der wehrlosen Liebe an! Die Vaterliebe des allmächtigen Gottes geht in Jesus als wehrlose Liebe selber ganz hinein in den Abgrund von Leid und Elend des Menschen. Die Macht des Vatergottes zeigt sich paradoxerweise gerade darin, daß er freiwillig in Jesus in die Ohnmacht des Menschlichen hineingeht, dem Leid des Menschen ganz nahe und verbunden ist, selber *der* Leidende, und gerade durch die Ohnmacht seiner wehrlosen Liebe den Menschen aus dem Abgrund des Leids heimholt. Denn diese Liebe ist stärker als alles, ist stärker als der Tod.

Die letzte Antwort auf unsere Frage: Gott und das Leid, ist: hinter dem Kreuz die Auferstehung, hinter dem Tod das Leben! Das ist die Antwort Gottes! Der französische Schriftsteller Léon Bloy sagt: „Die einzige Entschuldigung Gottes für unsere Welt ist die Auferstehung!"

Die Auferstehung zeigt, daß Gott mit seiner wehrlosen Liebe das Leid und die Bosheit der Menschen zuletzt wegleben kann. Die Ohnmachtsliebe Gottes in Jesus Christus ist so stark, daß ihr am Ende, auf die kommende Welt hin – welches die wirkliche Welt ist! –, weder das Leid noch die Bosheit noch der Tod widerstehen können.

Es gibt *eine* Liebe, die stärker ist als alles: Es ist die arme Liebe Gottes, in der Gott in Jesus selber in das Leid hineingeht – sie ist stärker als der Tod!

5

Kevelaer – Trösterin der Betrübten

Als mir das Thema zu diesem geistlichen Wort gegeben wurde, tauchte sofort eine Kindheitserinnerung auf. Ich war vielleicht acht Jahre alt, da nahm uns, meinen Bruder und mich, unsere Mutter zum ersten Mal mit zu einer Wallfahrt nach Kevelaer. Damals, es war das Jahr 1921, war die kleine Reise, die Fahrt mit der Bahn, die Überfahrt mit der Fähre über den Rhein, für den Achtjährigen aus dem Dorf ein erstes kleines Weltabenteuer. Was mir aber unvergeßlich im Gedächtnis geblieben ist, war dieses: Wir waren so früh von zu Hause aufgebrochen, daß wir in Kevelaer in der Basilika am Pilgerhochamt teilnehmen konnten. Es war ein Hochamt mit großem Orchester und großem Chor. Ich kannte bisher keine andere Musik als die Orgel unserer Dorfkirche, nie hatte ich ein anderes Instrument gehört. Als nun mit großem Einsatz das Orchester begann, wurde ich von diesen nie gehörten Klängen in eine so unsagbare Seligkeit hineingerissen, daß ich zu meiner Mutter, die neben mir kniete, aufschaute, ob sie nicht ein Gleiches erlebe, und ich sie nachher draußen fragte: ob es wohl so im Himmel ist?

„Trösterin der Betrübten" heißt die Muttergottes von Kevelaer. Aber für mich verbindet sich diese Wallfahrtsstätte über alle Betrübnis hinaus noch immer mit dem Glanz des Kindheitserlebnisses.

Ist denn das, was das achtjährige Kind damals am Ort der Trösterin der Betrübten empfand, geistlich gesehen, so unangemessen gewesen? Natürlich kannte der Achtjährige in seiner glücklichen Kindheit keine Betrübnis, die diesen Namen verdiente. Ich habe später in Kevelaer am Gnadenbild manches von Tränen überströmte Gesicht gesehen und manches Gesicht, das unter Leid und Not wie tränenlos geworden war. Aber wenn der Achtjährige damals in großer Gemeinde an der Seite seiner Mutter, zum ersten Mal angerührt von geistlicher Musik, etwas von einer Seligkeit verspürte, die er kindlich dem Himmel zuordnete – ob nicht mancher in der Stille vor dem Gnadenbild der Trösterin der Betrübten in seiner Traurigkeit etwas von dem Trost erfahren durfte, der, wenn auch in ganz anderer Weise, dem Himmel zuzuordnen ist?

Es war eine große Notzeit, als der Keim zur Wallfahrt nach Kevelaer gelegt wurde. Es war die Zeit des Dreißigjährigen Krieges, der 1648 im Westfälischen Frieden zu Ende ging. Weite Landstriche Deutschlands waren verödet, manche Dörfer gänzlich ausgestorben: Krieg, Pest, Hungersnot. Das sog. Kroatenkreuz in Kevelaer hält bis heute die Erinnerung an diese Schreckenszeit wach: etwa hundert Bewohner wurden damals Opfer eines Kriegsüberfalls. Die Geschichte des Kevelaerer Gnadenbildes geht in diese Zeit zurück. Zwei hessische Soldaten brachten aus Luxemburg zwei Papierbildchen, Kupferstiche, des Luxemburger Gnadenbildes mit an den Niederrhein.

In dieser Zeit, im Jahre 1641, hatte ein einfacher Handelsmann, Hendrik Busman, ein Erlebnis, von dem er später in einem kirchlichen Protokoll unter Eid folgendes berichtete: „Ich bin mit Mechel Scholt, welche ungefähr fünfzig Jahre alt ist, verheiratet. Ich habe mich mit dieser durch einen kleinen Handel ernährt und bin deshalb genötigt, öfter hierhin und dorthin zu reisen. So bin ich im Jahre des Herrn 1641 um Weihnachten von Weeze gekommen auf dem Wege, der nahe bei Kevelaer ist. Dort stand in jener Zeit ein Hagelkreuz. Dort hörte ich eine Stimme, welche mir sagte: An dieser Stelle sollst du mir ein Kapellchen bauen! Hierüber habe ich mich gewundert und nach allen Seiten geschaut, aber niemanden bemerkt. Ich bin weitergegangen und habe jene Stimme mir für dieses erste Mal aus dem Sinn geschlagen. Sieben oder acht Tage nachher ging ich wieder desselben Weges und hörte auf der nämlichen Stelle zum zweiten Mal die vorbemerkte Stimme und dieselben Worte. Ich hörte diese Worte, welche von der Seite des Hagelkreuzes kamen, klar und deutlich.

Dadurch wurde ich in großes Leidwesen versetzt, indem ich meine geringen Mittel und Verhältnisse erwog. Nichtsdestoweniger lastete die Aufgabe auf mir, und deshalb wollte ich aus meinem geringen Verdienste täglich eine Ersparnis machen zur Erbauung des Heiligenhäuschens.

Hernach geschah es einen Monat vor Pfingsten, daß meine genannte Hausfrau Mechel in einer Erscheinung bei Nacht ein großes glänzendes Licht sah mit der Vorstellung eines Heiligenhäuschens und in diesem ein Bildchen der Art, wie sie solche einige Zeit zuvor in der Hand zweier Soldaten bemerkt hatte.

Diese hatten zwei papierne Bildchen Unserer Lieben Frau von Luxemburg mitgebracht. Die Soldaten haben diese Bildchen oder eins derselben an die gedachte Mechel zu verkaufen gesucht. Dieses geschah jedoch nicht, weil der Preis ihr zu hoch war.

Hierdurch schenkte ich der Sache mehr Glauben und schickte meine Frau zu jenen Soldaten, um nach dem Bildchen umzusehen. Sie hatten dieselben dem Leutnant übergeben, der zu jener Zeit in Kempen in Gewahrsam sich befand. Der Leutnant kam aus der Gefangenschaft. Mechel ging zu ihm und erbat sich eines der Bildchen.

Alles, was hier gesagt ist, hat sich so zugetragen und ist wirklich und wahr. Ich, Hendrik Busman, nehme es auf meinen geleisteten Eidschwur. Ich sage dieses aus zur Vermehrung der Ehre Gottes und seiner allerheiligsten Mutter und Jungfrau."

1642 wurde das Bildchen vom damaligen Pfarrer von Kevelaer in den inzwischen erbauten Bildstock gebracht. Der sofort einsetzende Pilgerstrom wuchs von Tag zu Tag. Schon drei Jahre später wurde der Bau einer Wallfahrtskirche, der heutigen Kerzenkapelle, vollendet. Hendrik Busman, der 1649 starb, erlebte es noch, daß diese Kirche vom Gebet und Gesang vieler Wallfahrer erfüllt war. Wieder einige Jahre später wurde um das Heiligenhäuschen die jetzige Gnadenkapelle gebaut. Heute ist die Wallfahrt zur Trösterin der Betrübten aus Nordwestdeutschland, Holland, Belgien und Luxemburg die größte Deutschlands.

Das kleine Gnadenbild zeigt Maria mit weitem Mantel. Das Jesuskind auf ihrem linken Arm trägt Krone und Weltkugel. In ihrer Rechten trägt Maria ein Zepter, auf ihrem Haupt eine Sternenkrone. Im Hintergrund ist die Stadt Luxemburg angedeutet. Ein Spruchband am oberen Rand des Bildes trägt die Inschrift: „Consolatrix afflictorum ora pro nobis" – Trösterin der Betrübten, bitte für uns.

Wie ist es zu erklären, daß dieses ganz unscheinbare Wallfahrtsbildchen, nicht größer als eine Postkarte, solche Bewegung ausgelöst hat, die nun durch 350 Jahre anhält? Ich glaube, es ist der Name, der hier der Gottesmutter gegeben ist: Trösterin der Betrübten!

Gewiß wird an dieser Wallfahrtsstätte Maria von den Pilgern empfunden als die mütterliche Frau. Unter ihrem weiten Schutzmantel bergen sich die Menschen in ihren Nöten. In der Zeit, in der dieses Bild aufgestellt wurde, in der Zeit des Dreißigjährigen Krieges, entstand das Lied: „Maria, breit den Mantel aus, mach Schirm und Schild für uns daraus, laß uns darunter sicher stehn, bis alle Stürm vorübergehen, Patronin voller Güte, uns allezeit behüte."

Und gewiß ist es so, daß hier Urgegebenheiten des Menschlichen mitschwingen. Alle Welt ruft in der Not: Mutter!

„Trösterin der Betrübten": in der Betrübnis, in Leid und Traurigkeit ist das Herz aufgetan. Aber warum geht man dann an einen bestimmten Ort, den Trost zu suchen? Ist es, weil man in der Gemeinschaft vieler anderer ist und man also getragen ist vom gemeinsamen Glauben? Gehört es nicht zum Menschlichen, daß sich Freude und Leid an bestimmte Orte binden? Die Dichterin Marie-Luise Kaschnitz nennt ein Erinnerungsbuch ihres Lebens „Orte"! Gibt es nicht Orte, die durch Ereignisse und das Gedenken der Menschen, das sich damit verbindet, eine Atmosphäre von „Geschichtsträchtigkeit" bekommen? Wieviel mehr aber gilt das von Orten, an denen der Glaube in der Geschichte mit Gott sich in besonderer Weise verdichtet hat und verdichtet. Es gibt heilige Orte!

Erhart Kästner schreibt einmal in einem Griechenlandbuch: „Ein besungener Berg ist für Zeit und Ewigkeit schöner als einer, den niemand besang, und ein bedichtetes Tal und ein Fluß wird für immer aufglänzen, so wie ein geliebter Mensch schöner ist, als ein ungeliebter sein kann." Wieviel mehr gilt das von einem Ort, an dem durch Jahrhunderte hindurch ungezählte Menschen sich versammelt haben zum Gebet, zum Glauben, zum Hoffen! Solche Orte, an denen das Handeln Gottes in besonderer Weise erfahren wurde, strahlen für den Glaubenden etwas kaum Aussagbares aus an Geborgenheit, Nähe, Heimat.

Und zu diesem Orthaften gehört das andere Sinnenhafte katholischer Glaubenspraxis, genährt von urreligiösen Impulsen: das Hinwandern zum heiligen Ort, manchmal mit Ermüdungen und Strapazen; am ersehnten Ziel das Hinknien am Gnadenort; das Anschauen des Bildes, nicht mit dem Blick der Neugier oder der Ästhetik, sondern mit dem Blick des Glaubens und Hoffens; das Anzünden einer Kerze neben den vielen anderen brennenden Kerzen, die andere Beter vor mir dort entzündet haben ... Der ganze Mensch mit allem Sinnenhaften ist einbezogen in dieses gläubige Tun.

Nun könnte jemand einwenden: Ist da nicht die Gefahr, daß das Eigentliche christlichen Glaubens verdeckt wird in äußerlichem Tun? In religiösen Gebräuchen, wie es sie auch in heidnischem und außerchristlichem Brauchtum gibt? Gewiß kann diese Gefahr bestehen. Aber so, wie die leibliche Gebärde die Verwandlung des Inneren erwecken kann, so können auch die sinnenhaften Zeichen helfen, das Wesentliche zu erwecken und erleben zu lassen! Der ganze Mensch betet!

„Trösterin der Betrübten": Worin besteht der Trost? Zunächst: Der Pilger, der zu diesem Gnadenbild geht, weiß, daß Maria selbst gelitten hat. Und nur, wer selbst gelitten hat, weiß, was Leid ist. Ja, Maria ist bis auf den Grund des Leids gekommen: Sie hat die Kreuzigung ihres Sohnes mitansehen müssen! Sie hat erfahren müssen, daß das Schwert der Schmerzen ihr Herz durchbohrte.

Aber Maria hat auch *den* Trost erfahren dürfen: Ostern! Auferstehung ihres Sohnes aus dem Tod!

So kann sie wahrhaft Trösterin der Betrübten werden. Noch einmal: Worin besteht der Trost? Über dem Gnadenbild steht in lateinischer Sprache: Consolatrix afflictorum. Ich habe einmal gehört, daß in dem lateinischen Wort Consolatrix – Trösterin – die mittlere Silbe von sol = die Sonne stamme. Ich weiß nicht, ob diese alte Deutung haltbar ist, aber schön und sinnvoll ist sie doch. Daß das Trösten etwas mit der Sonne, dem Licht der Sonne zu tun hat. Die Sonne als Urbild des Trostes. Denn das erfahren wir ja alle immer wieder, wie die Sonne unser Gemüt aufhellen und die Schatten der Traurigkeit vertreiben kann. *Die* Sonne aber, die hier, bei Maria, gemeint ist, ist der wahre sol invictus, die siegreiche Sonne, die Christus der Auferstandene ist: Diese Sonne ist der Trost. Auf diesen Trost verweist den Betrübten die Trösterin der Betrübten.

Wie oft kann man es erleben, daß Menschen mit einem schweren Gebrechen, mit einem bedrückenden Leid nach Kevelaer oder nach Lourdes pilgern. Vielleicht erhoffen sie so etwas wie ein Wunder, daß das Gebrechen von ihnen genommen wird, daß sie geheilt werden. Und es geschieht nicht. Und doch gehen sie getröstet weg. Ein alter, fast achtzigjähriger Priester, der, von heftigen rheumatischen Schmerzen geplagt, jahrelang an den Rollstuhl gebunden war, schrieb in einem Brief: „Das ist der größte Trost, nicht daß das Leid von uns genommen wird, sondern daß es an uns seine Aufgabe erfüllt und wir aus ihm gewinnen, was uns in ihm und durch es zugedacht wurde."

Es gibt ein zwanzig Strophen langes Gedicht von Heinrich Heine mit dem Titel: „Die Wallfahrt nach Kevelaer". Auch darin kommt, wenn auch in verfremdender Gestalt, etwas von *diesem* Trost zum Ausdruck. Eine Mutter macht mit ihrem kranken Sohn diese Wallfahrt. Der Sohn ist krank, weil ihm seine Liebste gestorben ist; sein Herz will ihm vor Weh brechen. Die letzten fünf Strophen des Gedichtes lauten so:

> Der kranke Sohn und die Mutter,
> die schliefen im Kämmerlein;
> da kam die Mutter Gottes
> ganz leise geschritten herein.
>
> Sie beugte sich über den Kranken
> und legte ihre Hand
> ganz leise auf sein Herze,
> und lächelte mild und schwand.
>
> Die Mutter schaut alles im Traume,
> und hat noch mehr geschaut;
> sie erwachte aus dem Schlummer,
> die Hund bellten so laut.
>
> Da lag dahingestrecket
> ihr Sohn, und der war tot;
> es spielt auf den bleichen Wangen
> das lichte Morgenrot.
>
> Die Mutter faltet die Hände,
> ihr war, sie wußte nicht wie;
> andächtig sang sie leise:
> Gelobt seist du, Marie!

Was ist das Tiefste und Letzte, was wir aus dem Trost gewinnen können? Es ist das, was Paulus zuletzt als seinen „Gewinn" erachtet hat: „Christus will ich erkennen und die Macht seiner Auferstehung und die Gemeinschaft mit seinem Leiden; sein Tod soll mich prägen. So hoffe ich, auch zur Auferstehung von den Toten zu gelangen" (Phil 3, 10–11). Das ist das Ziel, das er vor Augen hat. Und so endet der Pilgerweg zur Trösterin der Betrübten nicht bei Maria, sondern bei dem, den sie uns zeigt: bei Christus, dem Gekreuzigten und Auferstandenen, *dem Trost unseres Lebens.*

Ich las das Wort: „Du kannst dein Leben nicht verlängern, nicht verbreitern, nur vertiefen." Dieses Vertiefen, diese Tiefe in uns, den Getauften, ist Jesus Christus, der Sohn Mariens. Und wenn in Kevelaer dem Pilger etwas aufgeht von dieser Tiefe seines Lebens, so ist er getröstet in einem Trost, wie ihn nichts anderes geben kann.

V

Worte zur Jahreswende

1

Unsere Jahre gehen dahin wie ein Seufzer
Psalm 90,9

Wenn das Jahr sich wendet, schauen wir zurück. Oft hört man im Blick auf das zurückliegende Jahr: Wie schnell ist es vergangen! „Unsere Jahre gehen dahin wie ein Seufzer", so sagt es eine Zeile im Psalm 90. Was für ein Bild ist das: „Unsere Jahre gehen dahin wie ein Seufzer" – das heißt doch: so schnell und flüchtig wie ein „Ach!" und es heißt auch: so traurig, so vergänglich wie ein „Ach!"

Wenn man jung ist, sagt man es noch nicht. Aber je älter man wird, desto mehr wird man zustimmen: „Unsere Jahre gehen dahin wie ein Seufzer." Es ist die Erfahrung der Vergänglichkeit, die immer wieder, wenn ein Jahr zu Ende geht, unser Herz berührt.

Martin Luther hat diesen Vers aus Psalm 90 anders übersetzt, er sagt: „Wir bringen unsere Jahre zu wie ein Geschwätz!" Wie ein leeres Geschwätz, das nichts bedeutet. Ist es so? Ein gewesenes Jahr, ohne Gewicht, federleicht auf der Waagschale der Ewigkeit?

Es gibt eine Motette von Johannes Bach, der hundert Jahre vor dem großen Johann Sebastian Bach gelebt hat: „Unser Leben ist ein Schatten auf Erden." Wenn man sie hört, ist es, als ob das Leben wie ein Schatten dahinhuschte... Und in der Motette der Vers: „Ach wie flüchtig, ach wie nichtig ist der Menschen Leben! Wie ein

Nebel bald entstehet und bald wiederum vergehet: So ist unser Leben, sehet!"

„Unsere Jahre gehen dahin wie ein Seufzer" – aber sie fallen nicht ins Leere! Der, der die Zeit und die Jahre geschaffen hat, hält wie ein guter Vater die Arme und die Hände ausgebreitet, um die Hin-fälligkeit unserer Jahre aufzufangen, damit sie nicht ins Bodenlose des Nichts versinken.

Der Dichter Rilke sagt es so:

> Wir fallen. Diese Hand da fällt.
> Und sieh dir andere an: es ist in allen.
> Und doch ist Einer, welcher dieses Fallen
> unendlich sanft in seinen Händen hält.

„Unsere Jahre gehen dahin wie ein Seufzer". Oder: „Wir bringen unsere Jahre zu wie ein Geschwätz" – ja so ist es! Aber das ist nicht alles! So braucht es nicht stehen zu bleiben. Es bleibt unsere Bitte – und sie kann alles verwandeln: „Der du die Zeit in Händen hast, Herr, nimm auch dieses Jahres Last und wandle sie in Segen."

2

Du krönst das Jahr mit deiner Güte

Psalm 65, 12

Der letzte Tag des Jahres – Bilanz wird gezogen. Was hat es gebracht? Die Antwort darauf ist so vielfach, wie es Menschen gibt.

Wenn *Sie* zurückschauen, können Sie das Wort mitsprechen, das der Psalm 65 zu Gott hin sagt: „Du krönst das Jahr mit deiner Güte, deinen Spuren folgt Überfluß"? Vielleicht können Sie mit großer Dankbarkeit ja zu diesem Wort sagen: Es war für Sie ein gesegnetes Jahr, gesegnet mit irdischen Gaben, gesegnet mit innerem Glück.

Vielleicht aber verstummen Sie vor diesem Wort. Vielleicht hat Ihnen das Jahr schweres Leid gebracht, ein Sorgenjahr – und Sie können nicht miteinstimmen in dieses Wort: „Du krönst das Jahr mit deiner Güte." Viel eher steht Ihnen der Sinn danach, einen anderen Psalmvers an das Ende dieses Jahres zu stellen: „Herr, warum bleibst du so fern? Verbirgst dich in Zeiten der Not?"

Wenn Sie zu denen gehören, die am Ende dieses Jahres diese Klage auf den Lippen haben: „Herr, warum bleibst du so fern?" – ich möchte keinen falschen „frommen" Ton hineinbringen. Leid ist Leid und Unglück ist Unglück und Sorge ist Sorge. Und dann ist es gut, so zu Gott hin zu klagen: „Herr, warum bleibst du so fern?" Denn auch diese Klage ist Gebet. Und es kann ein ganz weiter

Weg sein, bis man das andere Wort einmal wieder sprechen kann: „Du krönst das Jahr mit deiner Güte."

Viele Menschen haben mich im Laufe meines Lebens dieses erkennen lassen: Mitten im tiefen Leid kann es sein, daß Gott im Innern, im Herzen des Menschen ansetzt und seine Nähe erfahren läßt. Kürzlich besuchte ich einen Kranken, der in der Lebensmitte steht. Seit Monaten fesselt ihn eine schwere Krankheit ans Bett. Im Laufe des Gespräches sagt er: „Die Krankheit hat mich vollständig verändert. Ich habe noch nie in meinem Leben so erkannt, wer ich bin, besser: wer ich sein soll. Es ist seltsam: Mitten in der schweren Last, die die Krankheit für mich ist, ist ein Stück Dankbarkeit. Ich werde nachher ein anderer Mensch sein, ich werde mehr ich selbst sein."

„Du krönst das Jahr mit deiner Güte": Der Gott, den Jesus Christus uns gezeigt hat, ist der Gott der Güte. Wir können so wenig davon erkennen, wie die Linien unserer Lebensjahre verlaufen. Aber wenn wir am Ende dieses Jahres unsere Hände hinhalten mit all dem, was in diesem Jahr für uns gewesen ist, Glück und Leid, Schuld und Not, wenn wir sie ihm, dem lebendigen Gott hinhalten – dürfen wir dann nicht vertrauen, daß er dieses Lebensjahr in seine gütigen Hände nimmt und es verwandelt in Gesegnetsein?

3

*Vergiß meine Weisungen nicht,
denn sie werden dir
gute Jahre in Wohlfahrt und Fülle bringen*

Sprichwörter 3, 1–2

Ich suchte nach einem Wort, das am Anfang des neuen Jahres stehen könnte, und fand im Alten Testament im Buch der Sprüche dieses Gotteswort: „Vergiß meine Weisungen nicht, denn sie werden dir gute Jahre in Wohlfahrt und Fülle bringen."

Als ich es las, ging doch auch ein Schatten über dieses Wort hin. Erfahren wir es denn wirklich so, wie es dieses Wort sagt, daß unser Lebensjahr in Wohlfahrt und Fülle dahingeht, wenn wir Gottes Weisung halten?

Schon vor zweieinhalbtausend Jahren hat ein Psalmbeter diese Frage gestellt; er sagt: „Ich sah, daß es den Bösen so gut ging ... immer im Glück, häufen sie Reichtum auf Reichtum." Und er fügt hinzu: „Mein Herz war verbittert" – als ich das sah. (Ps 73)

Nein, es ist offenbar nicht so, daß der Fromme, der sich an die Weisungen Gottes hält, dafür ein Jahr mit äußerem Glück und Wohlergehen erhält. Es *kann* so sein, aber es ist durchaus nicht verbürgt.

Der Psalmbeter, der in Bitterkeit sehen muß, daß die Bösen Jahr für Jahr Glück auf Glück häufen, während es dem Frommen oft schlecht geht, berichtet uns auch, wie ihm die Erleuchtung gekommen ist. Er sagt: „Ich sann nach, um das zu begreifen: Es war eine Qual für mich.

Bis ich dann eintrat ins Heiligtum Gottes und begriff, wie sie enden!"

„Bis ich ins Heiligtum Gottes eintrat und begriff..." das heißt: im Gebet, in der Begegnung mit Gott, geht ihm von innen her, im Herzen, auf, worin das Wohlergehen und die Fülle bestehen, mit der das Lebensjahr des Frommen gesegnet ist: in einem tiefen inneren Frieden, in der Gewißheit, daß das Ganze seines Lebens gut wird *von Gott her* – mag auch im Äußeren Not und Leid ihn bedrängen wie alle Menschen.

Und dann jubelt der Psalmbeter auf: „Du hältst mich an meiner rechten Hand und nimmst mich am Ende auf in Herrlichkeit... Wenn auch mein Leib und mein Herz verschmachten: Gott ist der Fels meines Herzens und mein Anteil auf ewig. Gott nahe zu sein ist *mein* Glück! Ich setze auf Gott, den Herrn, mein Vertrauen!"

Ja, sei unser Wunsch: daß es uns gegeben wird, in diesem Jahr *mit Gott* zu leben. „Vergiß meine Weisungen nicht, denn sie werden dir gute Jahre in Wohlfahrt und Fülle bringen."

4

Wenn der Mensch viele Jahre lebt,
so freue er sich an allen.
Aber er gedenke auch der Tage des Dunkels.
Auch ihrer sind viele

Kohelet 11,8

Wenn die Bibel von den Lebensjahren des Menschen spricht, sammeln sich in ihren Aussagen uralte Erfahrungen. So auch in dem Wort, das sich im Alten Testament im Buch des Predigers (Kohelet) findet: „Wenn der Mensch viele Jahre lebt, so freue er sich an allen. Aber er gedenke auch der Tage des Dunkels. Auch ihrer sind viele."

Muß man denn beide Hälften zusammennehmen? Ist es nicht ratsam, die frohen Lebensjahre zu genießen, sich ihrer zu freuen, und die dunklen möglichst zu verdrängen? Die haben doch, wenn sie da sind, schon von selbst ihre eigene Last!

Alles Leben ist Spannungseinheit. Das kommt auch in diesem Wort zum Ausdruck: „Wenn der Mensch viele Jahre lebt, so freue er sich an allen. Aber er gedenke auch der Tage des Dunkels. Auch ihrer sind viele." Zum hellen Pol des Lebens steht der dunkle in Spannung: So wird es *Leben!*

In einem Kurs, der der geistlichen Besinnung galt, wurde den Teilnehmern an einem Tag auch die Aufgabe gestellt, ein „Diagramm" ihres Lebens anzufertigen, das heißt eine Art zeichnerischer Darstellung ihrer Lebensübersicht. Sie sollten es ganz einfach so machen: quer durch ein Blatt Papier eine Trennungslinie. Ganz links die früheste Kindheitserinnerung, ganz rechts das gegenwärtige Lebensjahr. Und dann sollten sie dazwischen die Ereignisse ihres Lebens einschreiben, die für sie besonders wichtig gewesen sind: Menschen, Begegnungen, Krankheiten, Schuld, Leid, freudevolle Begebenheiten, künstlerische Erlebnisse, Enttäuschungen, Erfolge usw. Und zwar die frohmachenden Erlebnisse über der Linie, die das Blatt in zwei Hälften teilt, die leidvollen unterhalb.

Das wurde für manche recht aufschlußreich. Einer sagte nachher: Als ich mein „Diagramm" fertig hatte und es überschaute, erkannte ich, daß durch alles hindurch so etwas wie eine Leitlinie geht, daß da seltsame Zusammenhänge sind, ja so etwas wie Fügung und Führung. Und – so fuhr er fort – wenn ich heute zurückschaue, meine ich fast, ich müßte auch für die Lebensereignisse, die ich als dunkle und leidvolle unterhalb der Querlinie eingezeichnet habe, heute dankbar sein. Denn alles zusammen, die frohen Jahre und die schweren, haben mich dahin geführt, wo ich jetzt stehe – und dafür bin ich dankbar.

Ja, es gibt die lichten und die dunklen Lebensjahre. Aber der Glaubende und Vertrauende weiß, daß sie nicht aus der blinden Willkür eines augenlosen Schicksals kommen, sondern umfangen sind vom Erbarmen des lebendigen Gottes. Und wer durch alle Lebensschicksale hindurch immer wieder die Bereitschaft des Herzens und des Willens erweckt, mit Gott zu leben, der darf ohne verzweifelte Angst auch der dunklen Jahre gedenken. Er weiß: *Zuletzt* wird es gut werden!

5

*Nicht durch lange Dauer
wird das Leben ehrenwert,
und nicht nach der Zahl der Jahre
wird es bemessen*

Weisheit 4, 8

Was ist ein erfülltes Leben? Ist schon das ein erfülltes Leben, das lange dauert? Wenn man ein hohes Alter erreicht? Die Bibel sagt uns im Buch der Weisheit: „Nicht durch lange Dauer wird das Leben ehrenwert, und nicht nach der Zahl der Jahre wird es bemessen."

Wodurch wird es denn ehrenwert? Wonach wird es bemessen von Gott und den Menschen?

Wenn man alte Geschichtsbücher aufschlägt und darin von Königen und Feldherrn liest, könnte man meinen: *Der* Mann hat ein großes Leben gelebt, der Kriege gewonnen und Länder erobert hat. Daran aber beginnen wir heute mächtig zu zweifeln. Wir ahnen, daß es andere Maßstäbe für ein erfülltes Leben geben muß.

Kürzlich las ich ein Buch, das eine Mutter nach dem Tod ihres Kindes geschrieben hat. Der Elfjährige starb an einem Gehirntumor nach eineinhalbjähriger Krankheit mit Operationen und schmerzlichen Heilungsversuchen. Es scheint, daß ein früher Tod manchen jungen Menschen in ungewöhnlicher Weise reifen läßt. „Sterben ist wie ein Erwachsenwerden – glaube ich", so schreibt die Mutter. Kurz vor dem Tod sagt der Elfjährige – so spricht sonst ein Elfjähriger nicht – es sind Worte eines reifen Lebens: „Mein Leben hat einen Sinn, denn ich liebe und werde geliebt." Und dann: „Mama, ich sterbe bald." „Hast du Angst?" „Nein, ich werde doch abgeholt. Wir sind nur eine kurze Zeit getrennt, dann sehen wir uns wieder."

„Nicht durch lange Dauer wird das Leben ehrenwert, und nicht nach der Zahl der Jahre wird es bemessen". Ich denke: Dieses Kind hat am tiefsten gesagt, was ein erfülltes Leben ist: „Ich liebe und werde geliebt!"

Vielleicht wird jemand einwenden: Das ist mir nicht vergönnt: Ich liebe und werde geliebt. Ich bin alleingelassen. Ich muß mein Leben in Einsamkeit und nie erfüllter Sehnsucht leben. Kann das kein erfülltes Leben werden?

Ich glaube, es gibt *eine* letzte Möglichkeit: daß wir unsere Einsamkeit und die Unerfülltheit unserer Sehnsucht – und sei es in Unbeholfenheit und in brüchigem Vertrauen – immer wieder auf Gott werfen und zu ihm sprechen: Gott, Du allein! Du allein kannst mein zerbrochenes und verwundetes Leben heil machen. Gott hört die Klage der Armen!

„Nicht durch lange Dauer wird das Leben ehrenwert, und nicht nach der Zahl der Jahre wird es bemessen": Möge Gott uns in diesem Jahr etwas davon erfahren lassen, daß er die Erfüllung unseres Lebens ist.

VI

*Worte aus Gedichten
von Joseph von Eichendorff*

1

Schläft ein Lied in allen Dingen ...

Einer der bekanntesten und liebenswürdigsten deutschen Dichter ist Joseph Freiherr von Eichendorff. Manche seiner Gedichte sind vertont worden und wie Volkslieder bekannt geworden, etwa „Ich reise über's grüne Land" oder „In einem kühlen Grunde, da geht ein Mühlenrad" oder „Mich brennt's an meinen Reiseschuhn".

Eichendorff ist 1788 in Oberschlesien geboren. Er war ein tiefgläubiger Christ. Ich möchte einzelne Verse dieses Dichters sagen und in christlichem Sinne auszulegen versuchen. Den Anfang soll jener wunderbare Vers machen, der wie aus einer versunkenen Welt heute zu uns kommt:

> Schläft ein Lied in allen Dingen,
> Die da träumen fort und fort,
> Und die Welt hebt an zu singen,
> Triffst du nur das Zauberwort.

Ich sagte, daß dieser Vers heute wie aus einer versunkenen Welt zu uns kommt. Denn: Können wir unsere durch Wissenschaft und Technik entzauberte Welt, unsere durch Verschmutzung und durch Zerstörung bedrohte Welt noch mit so erleuchteten Augen sehen wie es dieser begnadete Dichter der Romantik konnte?

Einmal las ich ein ähnliches Wort von Erhart Kästner in seinem „Zeltbuch von Tumilat". Er war in Ägypten in Kriegsgefangenschaft, das Lager im Wüstensand. Während viele seiner Kameraden in Langeweile dahindämmerten, schrieb er: „Tiefes Glück, unter Dingen zu leben, die man, eins nach dem anderen, durch einen Schlag mit dem Zauberstab aus der Verwünschung erlöst."

Ja, wer sich das bewahrt hat, mitten in einer Welt des Machens und der Weltausnützung: das schlummernde Lied in der Schöpfung zu wecken, das Geheimnis in allen Dingen mit den Augen des Staunens und der Ehrfurcht anzuschauen ...!

Aber ich denke, daß wir dem Vers von Eichendorff „Schläft ein Lied in allen Dingen" noch einen tieferen Sinn abgewinnen dürfen. Seit Ostern, seit der Auferstehung Jesu Christi, „schläft" eine geheimnisvolle Kraft in der Schöpfung. Verborgen in unserer sichtbaren Welt, die vergeht, liegt eine Kraft, die einmal alles verwandeln wird: die Kraft der Auferstehung! Wie ein Sauerteig, der verborgen wirkt. Wie eine wunderbare innere Strahlungskraft, die Leben und Liebe ist. Als Jesus ins Grab gelegt wurde, in unsere Erde, da wurde dieser Keim des österlichen Lebens in die Erde hineingelegt. Als er von Gott auferweckt wurde, ging sein Auferstehungsleben verborgen auf den ganzen Kosmos über. Im dritten Hochgebet der hl. Messe heißt es deshalb: „Durch deinen Sohn, unseren Herrn Jesus Christus, und in der Kraft des Heiligen Geistes erfüllst du die ganze Schöpfung mit Leben und Gnade": mit Auferstehungsleben!

Noch ist es ganz verhüllt. Aber Paulus sagt im Römerbrief: „Die ganze Schöpfung wartet sehnsüchtig auf das Offenbarwerden ... Wir wissen, daß die ganze Schöpfung seufzt und in Geburtswehen liegt!"

2

Daß wir den Himmel schauen ...

Ein Gedicht Eichendorffs, das mit der Zeile beginnt: „Es wandelt, was wir schauen ..." wird in der letzten Strophe ganz zum Gebet:

> Du bist's, der, was wir bauen,
> Mild über uns zerbricht,
> Daß wir den Himmel schauen –
> Darum so klag' ich nicht.

Vielleicht steht im Hintergrund dieses Gedichtes der schmerzliche Verlust des Elternhauses und der Heimat. „Wir alle müssen scheiden, Von allem, was uns lieb", so heißt es in der Mitte des Gedichtes.

Bei vielen Gedichten Eichendorffs geht es um das Hinausgelangen in die Weite, in die Freiheit. Das ist dann vordergründig die Weite der Landschaft und der Welt, die der Wanderer erwandert. Aber das ist ein Bild für jene andere Weite und Freiheit, die in der Zeile ausgesagt wird: „Daß wir den Himmel schauen".

Ich kann mir denken, daß es in diesem Vers ein Wort gibt, gegen das wir uns sträuben – dieses „mild"! Gibt es denn nicht die harten Schicksalsschläge, die uns treffen, die uns unbarmherzig an die Erde werfen, die uns manchmal zerbersten lassen?

Vielleicht hat Eichendorff zuerst gedacht an das Hab und Gut, das wir uns bauen, an all unsere Lebensentwürfe, an all das, was wir so gerne festhalten wollen, worin wir uns ansiedeln wollen, an unsere Eigenwelt, die wir nicht loslassen wollen.

Aber gibt es nicht den sehr schmerzlichen Verlust des geliebten Menschen? Ist auch der mitgemeint in Eichendorffs Vers? – Er weiß, daß wir hier auf Erden nicht zurechtkommen mit dem Leid und den Rätseln des Lebens, aber er vertraut, daß Gott Leid und Rätsel unseres Lebens mit seinem Erbarmen umfängt:

> „Was gäb' es doch auf Erden,
> Wer hielt' den Jammer aus,
> Wer möcht' geboren werden,
> Hieltst Du nicht droben Haus!"

Es kann sein, daß schweres Leid den Menschen verhärtet. Daß es verstummen läßt. Es kann aber auch sein, daß schweres Leid das Menschenherz öffnet. Daß es dem Leben Tiefe gibt. Daß es das Leben verwandelt zur Reife hin.

Und das ist Eichendorffs gläubige Lebenserfahrung: Manches wird uns in unserem Leben zerbrochen – und es zeigt sich, daß dies Zerbrechen nicht das Ende ist, sondern unser Leben öffnet auf das Größere hin. Würden wir das, was wir bauen, festhalten, als wäre es unser ewiger Besitz, dann würde unser Leben am Ende leer bleiben: „Wer sein Leben festhält, wird es verlieren", sagt Jesus.

Was Gott im Sinn hat, wenn er es zuläßt, daß uns so manches, was wir gebaut haben, zerbrochen wird, das will uns dieser Vers sagen:

> Du bist's, der, was wir bauen,
> Mild über uns zerbricht,
> Daß wir den Himmel schauen –
> Darum so klag' ich nicht.

3

Kaiserkron' und Päonien rot ...

> Kaiserkron' und Päonien rot,
> Die müssen verzaubert sein,
> Denn Vater und Mutter sind lange tot,
> Was blüh'n sie hier so allein?

So beginnt ein Gedicht Joseph von Eichendorffs. Es hat die Überschrift: Der alte Garten. Es ist der Garten seines Elternhauses, zu dem er nach vielen Jahren einmal zurückkommt.

Es geht in diesem Vers nicht um eine Art „Naturandacht". Bei dem Dichter Eichendorff scheint durch alle Dinge der Natur das Geheimnis durch. Und für ihn, den gläubigen Christen, ist dieses Geheimnis immer etwas vom Glanz Gottes – und vom Trost Gottes! Und so auch hier. „Verzaubert" erscheinen ihm Kaiserkron' und Päonien (das sind Pfingstrosen). Sind es nur die Kindheits- und Jugenderinnerungen, die Erinnerung an Vater und Mutter, die diesen Garten verzaubern? Aber es ist ja Gegenwart, die ihn fragen läßt: „Was blüh'n sie hier so allein?" Da muß etwas weitergehen, das nicht verwelkt, das nicht verlorengeht.

Was die Jahre der Kindheit, was Vater und Mutter ihm gegeben haben an Urvertrauen und Geborgenheit, das leuchtet weiter als Hoffnungskraft. Alle seine Gedichte sagen, daß diese Hoffnungskraft ein Ziel hat, das über alles Irdische hinausgeht. Alle irdische Heimat wird ihm zum Gleichnis und Sinnbild der bleibenden Heimat in Gott.

Mit Wehmut fragen wir uns: Ist uns das alles heute verlorengegangen, dieses tiefe Daseinsvertrauen, das in allen Dingen Hinweise entdeckt auf das Ewige? Können wir wieder etwas davon erwecken?

Jesus spricht einmal von Menschen, die sehen und doch nicht sehen, die hören und doch nicht hören. Zu den Seinen aber sagt er: „Ihr aber seid selig, denn eure Augen sehen und eure Ohren hören" (Mt 13, 16). Und immer wieder mahnt er sie, offene Augen zu haben: „Seid wachsam!" Er mahnt sie, die Zeichen wahrzunehmen. Er möchte uns erwecken, daß wir durch den Vordergrund der Dinge und der Ereignisse wahrzunehmen lernen, was dahinter ist! Was durchscheinen will!

Der Dichter Novalis, ein Zeitgenosse Eichendorffs, sagt einmal: „Alles Sichtbare ist ein in einen Geheimniszustand erhobenes Unsichtbares", das heißt, an allem Sichtbaren hängt ein Geheimnis. Selig, wer es erahnen kann!

Was können wir tun, daß wir dies nicht verlieren: den Blick für das Geheimnis? Den Weg nach innen gehen! Und mit dem Blick, der sich auf dem Weg nach innen auftut, nach außen schauen – in Ehrfurcht!

Ein Jesuswort, das außerhalb des Evangeliums überliefert ist, sagt: „Wer sich wundert, wird das Königreich erlangen." Wer noch staunen kann wie ein Kind, wird das Geheimnis wahrnehmen können.

> Kaiserkron' und Päonien rot,
> Die müssen verzaubert sein,
> Denn Vater und Mutter sind lange tot,
> Was blüh'n sie hier so allein?

4

Und keiner kennt den letzten Akt

Da gibt es ein Wanderlied – wer von uns Älteren kennte es nicht! –, das mit der Strophe beginnt:

> Mich brennt's an meinen Reiseschuhn,
> Fort mit der Zeit zu schreiten –
> Was wollen wir agieren nun
> Vor so viel klugen Leuten?

Joseph von Eichendorff hat es gedichtet. Eine wandernde Komödiantengruppe hat ihn wohl dazu angeregt. Er sieht das ganze Leben im Bild eines Theaterspiels:

> Da geh'n die einen müde fort,
> Die andern nah'n behende,
> Das alte Stück, man spielt's so fort
> Und kriegt es nie zu Ende.

Und dann die letzte Strophe:

> Und keiner kennt den letzten Akt
> Von allen, die da spielen,
> Nur der da droben schlägt den Takt,
> Weiß, wo das hin will zielen.

Ja, da spielen wir alle unser Lebensstück. Jeder seine Rolle. Der eine eine Hauptrolle, mit viel Beifall. Der andere eine kleine Nebenrolle, ohne Beifall. Der eine spielt vorzüglich, der andere bringt es recht und schlecht über die Lebensbühne. Manchem ist die Lebensrolle auf den

Leib zugeschnitten, andere sind in die falsche Rolle geschlüpft und quälen sich damit ab. Manchmal sieht sich das Lebensstück an wie eine Komödie, dann plötzlich schlägt es um in eine Tragödie.

Aber worauf läuft das Ganze hinaus? Was für ein Ende wird es nehmen, wenn der Vorhang fällt? Oder ist das ganze nur absurdes Theater – ohne Sinn und Verstand?

„Der da droben" hat es nicht leicht mit seinen Spielern auf Erden. Sie bringen immer wieder das Stück durcheinander; es ist schwer, sie zum Zusammenspiel zu bewegen, jeder hat so seinen Entwurf des Lebensstückes, in dem er seine Rolle spielen will. Wie soll da noch einer das Drama der Weltgeschichte dirigieren können?

„Der da droben" zieht im Spiel der Menschheit nicht wie an Marionettendrähten – dann wäre es ja allein sein Spiel. Er fährt auch nicht mit seiner Macht dazwischen, wenn aus dem Spiel mal wieder blutiger Ernst wird, sondern er wartet; er wartet mit seiner Liebe. Aber nicht wie von draußen. Er ist in Jesus selbst hineingegangen in das Menschenspiel und hat es zugelassen, daß die Menschen mit ihm machten, was sie wollten. Und sie ahnten und ahnen nicht, daß er allein es ist, der mit seiner wehrlosen Liebe das Stück rettet!

> Und keiner kennt den letzten Akt
> Von allen, die da spielen,
> Nur der da droben schlägt den Takt,
> Weiß, wo das hin will zielen.

Es gilt auch für mich. Ich weiß nicht, wie das Stück meines Lebens im letzten Akt aussehen wird. Aber Er weiß es! Und sein Wissen ist Erbarmen und Liebe. Und so kann ich vertrauen.

5

Wenn du erwachst, sind wir zu Haus

Als der Dichter Joseph von Eichendorff 34 Jahre alt war – es war im Jahre 1822 –, verlor seine Familie alle Güter in Schlesien. Auch sein Elternhaus, Schloß Lubowitz, in dem er aufgewachsen war, ging verloren. Er hatte zusammen mit seinem zwei Jahre älteren Bruder dort eine glückliche Kindheit erlebt. Der Dreizehnjährige schreibt schon Tagebuch und verzeichnet darin die Ereignisse seiner Knabenwelt, z. B.: „Ein sonderbares Wasserabendtheuer ritterlich bestanden, nemlich mich mit samt den Pferd ins Wasser gelegt – ha, ha, ha!", fügt er hinzu.

Nun aber ist alles versunken und verloren. In späten Jahren kehrt er einmal wieder in seine Heimat zurück. Alles ist fremd geworden. Die Menschen, die er aus seiner Jugendzeit kannte, sind nicht mehr da, im Elternhaus wohnen fremde Leute.

Er steht, an einen Baum gelehnt, sieht das Elternhaus, den Garten ... Da wird ihm alles zum Traum. Und in diesem Traum ist ihm, als stehe da plötzlich ein Jüngling neben ihm und spricht zu ihm: „Wenn du erwachst, sind wir zu Haus!" Dieses Wort ist die letzte Zeile eines Gedichtes, das die Überschrift trägt: „Letzte Heimkehr".

Was ist das für ein gesegnetes Wort: „Wenn du erwachst, sind wir zu Haus!" Das ganze Gedicht „Letzte Heimkehr" ist wie ein Bild für unsere Lebensreise. Da kann es sein, daß wir auf unserer Lebensreise in eine Stunde geraten, in der die Frage im Herzen aufsteigt: Wo ist mein Zuhause? Da kann es sein, daß wir erfahren, was das Neue Testament sagt: Fremdlinge sind wir hier auf Erden. Daß unser Leben uns wie ein kurzer Traum vorkommt. Daß eine tiefe Sehnsucht in uns aufbricht nach dem Zuhause, nach jener Heimat, von der in der Kindheit etwas aufleuchtet.

Und da ist dieses Wort: „Wenn du erwachst, sind wir zu Haus." Welche gute Stimme ist das, die uns dieses Wort zuspricht? Sie sagt „Du"! Es ist der Klang des Herzens. Warum aber sagt sie dann „sind *wir* zu Haus"? *Wir* werden wieder beisammen sein mit allen, die wir geliebt haben – „sind *wir* zu Haus"!

Dieses Wort kommt bei Eichendorff aus einem tiefen christlichen Glauben. Es ist der Glaube: Das Eigentliche, das wirkliche Zuhause kommt noch. Das für immer Unverlierbare, aus dem man nicht mehr aufbrechen muß, aus dem man nicht mehr vertrieben wird.

Der Dichter Novalis, ein Zeitgenosse Eichendorffs, sagt einmal: „Wohin gehen wir? – Immer nach Hause!"

„Wenn du erwachst, sind wir zu Haus." Christus sagt: „Ich gehe heim, euch ein Zuhause zu bereiten ... Ich werde euch wiedersehen; dann wird euer Herz sich freuen, und eure Freude wird niemand von euch nehmen."

6

Wie arm, die sich lieben und scheiden!

Als der Dichter Joseph von Eichendorff 51 Jahre alt war, kam es einmal nach einem gemeinsamen Sommer zu einem Abschied von seiner Tochter. Das Gedicht, das darauf entstand, lautet in der zweiten Strophe:

> Wie arm, die sich lieben und scheiden!
> Das haben erfahren wir beiden,
> Mir graut vor dem stillen Haus.
> Dein Tüchlein noch läßt du wehen,
> Ich kann's vor Tränen kaum sehen,
> Schau still in die Gasse hinaus.

Mancher von uns wird solchen Abschied kennen und seinen Schmerz. „Der Sommer ist hingefahren, da wir zusammen waren", so heißt es in der ersten Strophe. Ja, diese leuchtende Zeit der Gemeinsamkeit – und dann der Abschied. „Dein Tüchlein noch läßt du wehen, ich kann's vor Tränen kaum sehen, schau still in die Gasse hinaus."

Und dann das Sich-Umwenden und allein ins Haus zurückgehen: „Mir graut vor dem stillen Haus."

Eine ganze Reihe von Gedichten Eichendorffs trägt die Überschrift „Der Abschied". Ist das vielleicht ein Grundthema des Menschenlebens? Je älter man wird, umso mehr wird der Abschied zum Thema. All die vielen Abschiede im Zurückschauen ... Die Freunde der Jugend – wo sind sie geblieben?

Der Dichter hat es tief gewußt, daß der Abschied ein Grundthema unseres Lebens ist:

> Wir alle müssen scheiden,
> Von allem, was uns lieb ...

Aber seine Tränen bleiben nicht ohne Trost. Die letzte Zeile unseres Gedichts ruft aus: „Lieb Töchterlein, fahre mit Gott!" Und ein anderes Gedicht, das auch die Überschrift trägt: „Abschiedstafel", endet mit der Zeile: „Gott segne dich und euch!" Und wieder ein anderes mit der Überschrift „Zum Abschied" endet mit dem Wort: „Auf ein freudig Wiedersehen!"

Ja, das „Auf Wiedersehen" bei jedem Abschied! Bricht nicht gerade im Abschied die Ursehnsucht auf nach einem Wiedersehen, das keine Trennung mehr kennt?

Vor Jahren hörte ich in der Universität Münster an einem Abend den Vortrag eines berühmten auswärtigen Gelehrten. Er war schon hochbetagt. Der Hörsaal war überfüllt von Zuhörern, die diesen Gelehrten erleben wollten. Man wußte, daß er sich durchaus als Atheist bekannte. Und dieses Bekenntnis kam auch an einer entscheidenden Stelle seines Vortrags durch.

Nun aber geschah folgendes. Nach dem Vortrag saß man noch in einem kleinen Kreis mit dem Gelehrten zusammen. Auch einige Studenten waren dabei. Da fragte im Laufe des Gesprächs einer der Studenten den Gelehrten: „Herr Professor, was denken Sie, wie es nach dem Tode ist?" Darauf gab dieser mit leiser Stimme zur Antwort: „Ich hoffe, meine Frau wiederzusehen."

Welch seltsame Inkonsequenz! In seiner Wissenschaft bekannte er sich zum Atheismus. Aber auf das eigene persönliche Leben und Sterben hin angefragt, brach spontan die Ursehnsucht durch, daß der Abschied vom geliebten Menschen nicht ohne Wiedersehen bleibe.

Und in Wahrheit: Es ist uns zugesagt, daß jenseits aller Abschiede ein letztes und bleibendes Wiedersehen leuchtet. Im Evangelium sagt Christus bei seinem Abschied von den Seinen: „Jetzt seid ihr bekümmert. Aber ich werde euch wiedersehen; dann wird euer Herz sich freuen, und niemand nimmt euch eure Freude" (Joh 16,22).

VII

*Worte aus Gedichten
von Nelly Sachs*

1

*Vielleicht aber braucht Gott die Sehnsucht,
wo sollte sonst sie auch bleiben ...*

Das ist ein Wort der Dichterin Nelly Sachs. „Vielleicht aber braucht Gott die Sehnsucht, wo sollte sonst sie auch bleiben ..." Welche Sehnsucht ist gemeint? Hat Gott Sehnsucht? Ob es das gibt: Sehnsucht in Gott? Oder ist die Sehnsucht des Menschen gemeint, die Gott braucht? Oder vielleicht beides: daß die Sehnsucht des Menschen der Sehnsucht Gottes begegnet?

Es gibt viele Sehnsüchte. Aber die tiefste und eigentliche Sehnsucht hat, so denke ich, mit der Liebe zu tun. Nur die Liebe kennt wahre Sehnsucht. Wenn aber Gott die Liebe ist, wie es die Bibel sagt, dann kennt Gottes Liebe auch Sehnsucht. Sehnsucht nicht auf dieses und jenes hin, sondern einzig auf den Menschen hin. Denn auf Erden kann von allem Geschaffenen nur der Mensch Du sagen und lieben.

Gott sehnt sich nach der Antwort des Menschen, nach seiner Liebesantwort. Er hat den Menschen als sein Gegenüber geschaffen. Nun wartet er auf den Menschen, so wie ein Liebender auf die Geliebte wartet. „Die Sehnsucht Gottes ist der Mensch", sagt der große Menschen- und Gotteskenner Augustinus.

Warum ist es so? Ich weiß es nicht. Gott ist Liebe. Die Liebe kennt zuletzt kein Warum. Zuletzt ist die Liebe grund-los.

Wir können Gott nichts geben, was ihm nicht schon gehörte. Das einzige, was wir ihm wahrhaft geben können, ist unser liebendes Du-Sagen. „Gott hat an allen Dingen genug, allein die Begegnung mit dem Menschen wird ihm nie genug", sagt die Mystikerin Mechthild von Magdeburg.

Und der Mensch? Wohin geht seine Sehnsucht? Sehnsucht geht nicht auf Dinge, die man machen oder kaufen kann. Auch die Sehnsucht des Menschen geht nicht auf dieses oder jenes, sondern zuletzt einzig auf das bleibende Glück der Liebe.

Aber gibt es das? Das bleibende Glück der Liebe? Steckt auch im Glück der Liebe der Keim der Vergänglichkeit?

„Vielleicht aber braucht Gott die Sehnsucht, wo sollte sonst sie auch bleiben...": In Gott allein kann sie *bleiben*, findet sie ihre Erfüllung, wird sie gestillt. „Du, o Gott, hast uns zu dir hin erschaffen, und ruhelos ist unser Herz, bis es ruht in dir" (Augustinus). Die Sehnsucht Gottes nach dem Menschen weckt im Menschen die Sehnsucht nach Gott.

Die jüdische Dichterin Nelly Sachs war vertraut mit den Psalmen des Alten Testamentes. So kannte sie auch den Psalm (63), der mit den Worten beginnt:

> O Gott, mein Gott bist du,
> in Sehnsucht suche ich dich.
> Meine Seele dürstet nach dir,
> nach dir schmachtet mein Leib
> wie dürres, lechzendes Land ohne Wasser.
> So blicke ich aus nach dir,
> zu schauen deine Macht und Herrlichkeit.
> Denn deine Huld ist besser als Leben;
> darum preisen dich meine Lippen.

2

O Erde – durchzogen von den Spuren des Heimwehs

Die jüdische Dichterin Nelly Sachs konnte kurz vor dem Krieg, sozusagen in letzter Minute, nach Schweden entkommen. Sie litt unsäglich unter dem Schicksal ihres Volkes. Dieses Leid prägte zutiefst ihre Dichtung.

Immer wieder taucht in ihren Gedichten auch die Frage auf: Was ist das mit dieser Erde? Mit dieser Erde, in deren Rinde so viele Wunden geschlagen sind? Einmal schreibt sie diesen Vers:

> O Erde, Erde
> Stern aller Sterne
> Durchzogen von den Spuren des Heimwehs
> Die Gott selbst begann –

Die Erde, durchzogen von den Spuren des Heimwehs ... Wenn man Heimweh hat, möchte man auf dem Weg nach Hause sein. Ist die Erde mit ihrem Heimweh unterwegs nach Hause? Da sind Spuren auf dieser Heimwehstraße: Gott selbst hat sie begonnen, als er sie erschuf. Er hat diese Heimwehspuren begonnen in den bezaubernden Wundern seiner Schöpfung, leuchtende Hinweise auf ihre Herkunft, zu der sie sich zurücksehnt.

Aber da ist, so glauben wir Christen, noch eine andere Spur auf der Heimwehstraße der Erde: die Spur des *einen* Jesus von Nazaret, in dem Gott selbst über diese Erde gegangen ist, seine Spur, die am Kreuz zu enden scheint, die aber wunderbar über das Kreuz hinaus führt in das Licht der kommenden Welt.

Die Astronauten sagen, die Erde sehe im Weltall aus wie ein wunderbar blauschimmernder Edelstein. Aber die Dichterin sagt: „Erde, viele Wunden schlugen sie in deine Rinde." O ja, das wissen wir heute wie nie zuvor: die Wunden, die wir Menschen in die Rinde der Erde geschlagen haben!

Und doch wartet sie, die Erde, auf eine Art Heimkehr, wo die Wunden geheilt werden. Paulus sagt es im Römerbrief, daß die ganze Schöpfung seufzt und bis zum heutigen Tag in Geburtswehen liegt; sehnsüchtig wartet sie auf den Tag, wo die Herrlichkeit auch an ihr offenbar wird.

Eine „Heimwehleiter" steigt von unserer Erde auf. Ob wir an ihr weiterbauen müssen? In all der Umweltproblematik unserer Zeit sollten wir Christen am ehesten wissen, daß uns die Erde aufgetragen ist: sie zu bewahren und zu bereiten für ihre Heimkehr. Auch wenn wir wissen, daß wir aus unserer Erde nicht mehr das Paradies machen können, müssen wir das Äußerste tun, daß auf der Erde Friede, Schalom, sein kann! Wir müssen den Tag mitvorbereiten, an dem von Gott her geschehen kann, was auf den letzten Seiten der Bibel verheißen ist: „Dann sah ich einen neuen Himmel und eine neue Erde, denn der erste Himmel und die erste Erde sind vergangen. Ich hörte eine laute Stimme rufen: Seht, die Wohnung Gottes unter den Menschen! Er wird alle Tränen von ihren Augen abwischen. Denn was früher war, ist vergangen. Er, der auf dem Throne saß, sprach: Seht, ich mache alles neu!"

3

Verkaufen dürfen wir nicht unser Ohr

Ein Gedicht der großen jüdischen Dichterin Nelly Sachs beginnt mit der Zeile: „Lange haben wir das Lauschen verlernt." Haben wir es verlernt? Unser Ohr hört doch von morgens bis abends – ist es denn nicht geübt? Ach ja, wir hören und hören doch nicht. Da sind ja so viele Wörter, da ist ja so viel Lärm, da ist ja so viel Getöne, eins drängt und verdrängt das andere: Wie sollte *das* Wort noch Zeit und Ruhe finden, durch unser Ohr bis in unser Herz zu kommen?

Beschwörend ruft die Dichterin aus: „Verkaufen dürfen wir nicht unser Ohr. O nicht unser Ohr dürfen wir verkaufen!"

Was meint sie damit? Wir dürfen unser Ohr, unsere Fähigkeit wirklich zu hören, nicht preisgeben, sozusagen billig verschleudern an den Lärm der Welt. Haben wir es dem Lärm in all seinen Gestalten überlassen, dann wird das Ohr unfähig, das stille Wort der Liebe aufzunehmen und einzulassen.

Einmal hatte ich einen Besinnungstag mit Jugendlichen. Wir waren in einem einsamen Haus auf dem Land. Am Nachmittag – es war ein heller Sonnentag – saßen wir draußen im Garten. Da machte ich den Vorschlag: Laßt uns einmal eine Viertelstunde die Augen schließen und ganz still werden. Und dann, wenn es ganz still geworden ist, lauschen auf das, was wir hören. Und siehe da: Da hörten wir, was wir sonst nie gehört hatten: den Ruf eines Vogels, die Bewegung der Blätter der Bäume im Wind, ein Rascheln im Laub, das Rufen eines Kindes, das Schnauben eines Pferdes auf der Weide, den Stundenschlag einer fernen Kirchenuhr ...

Warum sagt die Dichterin so beschwörend: „Verkaufen dürfen wir nicht unser Ohr. O nicht unser Ohr dürfen wir verkaufen!"? Weil sie weiß, daß dann *das* Wort, das Wort Gottes nicht mehr von uns aufgenommen werden kann! Und so fragt sie betroffen in einem anderen Gedicht:

> Wenn die Propheten einbrächen
> durch die Türe der Nacht
> und ein Ohr wie eine Heimat suchten –
> würdest *du* hören?

Ob wir nicht jeden Tag zehn Minuten retten können für das Schweigen, für die Stille? Nichts mehr, was ablenken kann; nur Schweigen, nur Stille. Und dann, in unser Stillgewordensein hinein ein heiliges Wort hören und in uns einlassen? Ein Wort Jesu Christi wie dieses: „Bleibet in mir, ich bleibe in euch!" Oder: „Wir werden kommen und Wohnung bei ihm nehmen." Oder: „Der Menschensohn ist gekommen, selig zu machen, was verloren ist."

Oder ein Wort aus unserer Offenheit heraus: „Ich fürchte kein Unheil, denn du bist bei mir." Oder: „Gott, du mein Gott, dich suche ich." Oder: „Mein Herr und mein Gott."

Wenn wir Tag für Tag solche Übung der Stille und des Hörens zulassen – unser Leben wird sich verwandeln!

4

*Manch einer hörte seinen Namen rufen
am Scheideweg*

Im Märchen geht es manchmal so zu: Da wandert ein junger Mensch in die Welt hinaus, und kaum hat er seine bekannte Heimat verlassen, steht er an einem Scheideweg. Wohin jetzt? Nicht selten ist es dann so, daß ihm da irgendein unscheinbares Zeichen gegeben wird; vielleicht steht da ein Zwerg und fragt ihn: Wohin? Und dann kommt es darauf an, ob man ihn anhört oder ob man ihn stolz abweist, wie es im Märchen vom Lebenswasser der junge Königssohn tut: „Dummer Knirps, das brauchst du nicht zu wissen!" Und es zeigt sich, daß es schlimm wird, wenn man die Zeichen am Scheideweg nicht beachtet.

„Manch einer hörte seinen Namen rufen am Scheideweg", so heißt eine Zeile in einem Gedicht von Nelly Sachs. Kennen wir das nicht? Wir schauen in unser Leben zurück. Da gab es doch Stunden, wo wir vor einer Lebensentscheidung standen, wo wir an einem Scheideweg standen. Manchmal werden wir uns dessen erst später bewußt, daß es so war. Wie aus dem Unbewußten heraus haben wir damals einen Weg gewählt – war es richtig? Manchmal stehen wir aber mit hellem Bewußtsein an einem Scheideweg – welchen Weg sollen wir gehen? Dann wird man abwägen, das Für und Wider; man wird um Rat fragen; man wird beten.

„Manch einer hörte seinen Namen rufen am Scheideweg." Es ist der Ruf der inneren Wahrheitsstimme: Bedenke, welcher Weg deinem Wesen, deinem unvertauschbaren „Namen" am tiefsten entspricht! Mit welchem Weg wirst du am tiefsten eins sein können von deinem Wesen her?

Noch einmal: Wir schauen in unser Leben zurück. Wenn wir die wichtigsten Weichenstellungen unseres Lebens anschauen: Gab es bei diesen Weichenstellungen in unserer Entscheidung eine ähnliche, eine gemeinsame Motivation, warum wir uns dann so entschieden haben?

Es ist tröstlich, glauben zu dürfen: Wenn wir an einem Scheideweg *guten Gewissens* eine Wahl getroffen haben, daß dann Gott mitgeht, selbst wenn wir uns in unserer Wahl geirrt haben sollten.

Manchmal gibt es äußerste Situationen, in denen wir an einem Scheideweg ganz deutlich erkennen: Jetzt geht es in meiner Entscheidung sozusagen um Leben und Tod! Ein alter Mann erzählte mir, daß er im Krieg als junger Offizier eines Abends für den anderen Tag einen Befehl bekommen habe, der ihn die ganze Nacht nicht habe schlafen lassen. Er habe klar gewußt: Wenn du diesen Befehl ausführst, verrätst du Gott und dich selbst. Er habe natürlich gewußt, was eine Befehlsverweigerung für ihn bedeuten würde. Am anderen Morgen sei er zum Regimentskommandeur gegangen und habe ihm unter vier Augen seine tiefe Gewissensnot erklärt: Er könne den Befehl nicht ausführen. Der Kommandeur habe ihn lange schweigend angeschaut – eine Ewigkeit schien es ihm –, und dann geschah das Unerwartete: Es ist erledigt, Sie können gehen!

„Manch einer hörte seinen Namen rufen am Scheideweg."

5

Wieder ist Gott reisefertig

Da lese ich ein Wort von Nelly Sachs – es ist die letzte Zeile eines Gedichtes –, das im ersten Hören gewiß seltsam anmutet: „Wieder ist Gott reisefertig." Das Gedicht spricht von Verwandlungen durch den Tod hindurch, und am Ende des Gedichts steht das Wort Auferstehung, von der der Kosmos gezeichnet sei.

Als ich diese letzte Zeile las: „Wieder ist Gott reisefertig", da begann in mir ein Nachdenken und Meditieren: Wie ist das denn mit diesem Gott, der wieder reisefertig ist? Was ist das? Ist denn Gott auf dem Weg, unterwegs? Und sofort fiel mir der Name ein, mit dem Gott sich zum allererstenmal seinem Volk geoffenbart hat, nämlich in der Wüste aus dem brennenden Dornbusch: „Ich bin da bei euch!" Ich bin nicht ein Gott, der fern von euch im Himmel thront, sondern ich gehe mit euch auf den Wegen eurer Geschichte: Das ist mein Name!

Gott hat sich einem Volk geoffenbart, das unterwegs auf dem Zug durch die Wüste war, ein Freiheitszug in eine verheißene Zukunft hinein. Dieses Auf-dem-Weg-Sein scheint von da an zum Volk Gottes zu gehören. Im Neuen Testament wird die junge Christenheit „der (neue) Weg" genannt! Und Gott sagt, daß er mitgeht! Einen Weg-Gott hat man den Gott der Offenbarung genannt.

„Wieder ist Gott reisefertig" – ist es nicht ein sehr tröstlicher Gedanke, daß Gott mitgeht auf den Wegen unserer Lebensgeschichte? Auch auf den Wegen unserer Traurigkeit und Zweifel, so wie der Auferstandene als unscheinbarer Wanderer den Weg der Emmausjünger mitgegangen ist, die in Traurigkeit und Zweifeln unterwegs waren? Daß er sich – welche Demut Gottes! – meinen Aufbrüchen und Lebenswegen „reisefertig" anpaßt, damit ich nicht in die Verlorenheit gerate! Daß er auch auf meinen seltsamen und kuriosen Wegen und Irrwegen noch mitgeht – dieser über alles treue Mitwanderer meines Lebens!

Er wird auf den Wegen mit mir in der Verborgenheit bleiben. Er wird nicht wie ein Zauberer von außen immer wieder eingreifen in den Kurs meines Lebensweges, er wird mir meine Freiheit lassen. Aber er hört nicht auf, mir immer wieder stille Zeichen seines Mitgehens und seiner Sorge um mich zu geben. Und wenn ich nur ein wenig im Glaubensvertrauen zu ihm hin, dem verborgenen Weggefährten, mich öffne und seine sanften Zeichen wahrnehme: Sofort verwandelt sich mein Leben, selbst mitten in Leid und Unglück, in Frieden!

„Wieder ist Gott reisefertig" – aber nicht für alle Ewigkeit! Einmal wird er mit uns und mit seiner Schöpfung „an den Ort seiner Ruhe" kommen, wie es das Alte Testament sagt. Einmal wird der Reiseweg in das selige „Bleiben" münden, von dem das Johannesevangelium spricht.

Denn der Weg dreht sich nicht im Kreis, sondern hat ein Ziel. „Wohin gehen wir?", fragt der Dichter Novalis. „Immer nach Hause!"

6

*Der Himmel übt an dir
Zerbrechen
Du bist in der Gnade*

Wir haben in dieser Woche Worte bedacht aus Gedichten der großen jüdischen Dichterin Nelly Sachs. Sie hat 1966 den Nobelpreis für Literatur bekommen. 1970 ist sie gestorben, nach einem leidvollen Leben, geprägt vom Mitleiden des schrecklichen Schicksals ihres Volkes.

Ich halte es für ein Wagnis, das folgende Wort fast ungeschützt zu sagen. Es ist die letzte Zeile eines Gedichtes. Ich kann mir gut denken, daß dieses Wort im ersten Hören mißverständlich ist, ja vielleicht für manchen ein Ärgernis. „Der Himmel übt an dir Zerbrechen, du bist in der Gnade."

Das Wort ist offenbar einem Menschen – oder einem Volk? – zugedacht, der in tiefem Leid wie zerbrochen ist ...

„Der Himmel übt an dir Zerbrechen" – der Himmel, damit ist doch wohl Gott gemeint. Will Gott an einem Menschen Zerbrechen üben? Will er ausprobieren, wie weit er gehen kann? Was wäre das für ein Gottesbild? Hat Jesus Gott nicht den barmherzigen Vater genannt? Manche meinen, Leid und Unglück wären Strafen, die Gott verhängt; manche meinen, Gott schicke direkt das Leid oder das Unglück – ich glaube es nicht. Ich glaube, daß Leid oder Unglück sich aus den Schöpfungsgesetzen ergeben, *oder* aber, daß Menschen einander Leid zufügen. Wohl aber glaube ich, daß Gott in allem, in Leid und Unglück, darin ist, daß er im Leid und Unglück dem Menschen ganz nahe ist, ja, daß er in gewissem Sinne mitleidet!

„Der Himmel übt an dir Zerbrechen, du bist in der Gnade." Die Dichterin weiß aus der Offenbarung der Bibel, daß Gott auf der Seite des Elends ist, auf der Seite der Armen und Bedrängten. Darum sagt sie: „Du bist in der Gnade"! Sie kennt den Psalmvers: „Ein zerbrochenes Herz wirst du, o Gott, nicht verschmähen."

In den vorausgehenden Zeilen dieses Gedichts sagt die Dichterin:

> Die Auferstehungen
> deiner unsichtbaren Frühlinge
> sind in Tränen gebadet.

Sie glaubt also, daß aus dem Leid, aus den Tränen unsichtbare Frühlinge auferstehen. Und darum sagt sie: „Du bist in der Gnade."

„Der Himmel übt an dir Zerbrechen, du bist in der Gnade" – ob ich dieses Wort einem Krebskranken sagen kann? Ich könnte es nicht. Wohl aber kann ich glauben, daß es dem Krebskranken selbst gegeben sein kann, von innen her die Erfahrung machen zu dürfen: Gott ist mir nahe, so nahe wie nie in meinem Leben.

„Der Himmel übt an dir Zerbrechen, du bist in der Gnade": Nirgendwo wird mir dieses Wort tiefer und deutlicher ausgelegt, als in Kreuz und Auferstehung Jesu Christi.

VIII

Worte aus der Erfahrung des Glaubens

1

Wir deine Verstecke
(Kurt Marti)

In der Bibel heißt es, daß der Mensch sich vor Gott versteckte. Und Gott rief: Adam, wo bist du? Hier aber wird von Gott gesagt, daß er sich in uns versteckt: „Wir – deine Verstecke."

Hat er sich in uns verborgen? Oder haben wir ihn in uns „versteckt"? Meister Eckhart sagt: „Gott ist in uns daheim, wir sind draußen."

Ihn in uns aufzufinden, das ist unsere wahre Lebensaufgabe.

Kinder spielen das Versteckspiel. Wer den Versteckten findet, hat gewonnen. Wer Gott findet, hat gewonnen!

Gott, wo versteckst du dich in meinem Leben? Jetzt in dieser Lebensstunde?

Es gibt Stunden in meinem Leben, leidvolle, da versteckt er sich so tief, daß ich ihn nicht mehr finden kann. Aber wenn er mir dann doch aus seinem Versteck ein Zeichen gibt und ich ihn finde, dann verwandelt sich alles.

Warum verbirgt er sich in mir? – Die Frage bleibt lange in mir.

Es wird wohl ein Segen für mich sein, daß er sich in meinem Lebenshaus versteckt. Er ist der geheime Schatz in meinem Lebenshaus, der alles geheimnisvoll verwandelt.

Alle Gotterfahrenen sagen: Würde er sich ganz offen zeigen, könnte ich nicht mehr leben.

Aber auch ich bin es, der ihn versteckt. Verdrängt. Als wäre er nicht mehr da. Das ist ganz schlimm. Eine jüdische Geschichte erzählt: „Rabbi Baruchs Enkel, der Knabe Jechiel, spielte einst mit einem anderen Knaben Versteck. Als er lange gewartet hatte, kam er aus dem Versteck; aber der andere war nirgends zu sehen. Nun merkte Jechiel, daß jener ihn von Anfang an nicht gesucht hatte. Weinend kam er in die Stube seines Großvaters gelaufen und beklagte sich über den bösen Spielgefährten. Da flossen Rabbi Baruch die Augen über, und er sagte: So spricht Gott: Ich verberge mich, aber keiner will mich suchen ..."

Kann es einen schöneren, wichtigeren Dienst geben, als Menschen aufmerksam zu machen auf das, was dieses Wort sagen will: „Wir – deine Verstecke"?

Ich werde einen neuen Blick für den Menschen gewinnen, wenn ich glauben kann, daß Gott sich in ihm versteckt hat!

2

*Der Weg wächst im Gehen unter deinen Füßen,
wie durch ein Wunder*

Reinhold Schneider

Als ich dieses Wort fand, erinnerte ich mich eines ähnlichen Wortes von Manès Sperber, in welchem er eine für sein Leben bestimmende Erfahrung ausdrückt: „Zu den Gleichnissen, die ich seit Jahrzehnten am häufigsten in Romanen, Essays und Vorträgen benutzt habe, gehört eines, in dem es sich um eine Brücke handelt, die nicht existiert, sondern sich Stück um Stück unter den Schritten dessen ausbreitet, der den Mut aufbringt, seine Füße über den Abgrund zu setzen ... Der werdende, doch nie vollendete Mensch auf der Brücke, die nur so weit reicht wie sein Mut, somit nie weit genug, ist der Held und Unheld all meiner Bücher geworden."

Und noch ein anderes Wort kam mir in den Sinn. Es ist von dem spanischen Dichter Antonio Machado (1875–1939):

> Wanderer, nur deine Spuren
> sind der Weg, sonst nichts;
> Wanderer im Wegelosen,
> Schritte werden Weg.
> (Übersetzung von Erika Lorenz)

Wir kehren zurück zu dem Wort von Reinhold Schneider: „Der Weg wächst im Gehen unter deinen Füßen, wie durch ein Wunder."

Dieses Wort ist nur wahr, wenn es von zwei Voraussetzungen getragen ist: vom Gehorsam und vom Vertrauen. Vom Gehorsam: hörend auf die innere Wahrheitsstimme, die in jedem Menschen ist; die Zeichen wahrnehmend, die mir auf dem Weg im Weglosen gegeben werden. Vom Vertrauen: daß das Ziel da ist; daß wir nicht ausgesetzt bleiben im Ewig-Weglosen; daß verborgen ein Anderer mitgeht! – Sonst bleibt das Gehen im Weglosen ein blindes Abenteuer.

„Der Weg wächst im Gehen unter deinen Füßen, *wie durch ein Wunder*": Das ist das Wunder, daß im Ausschreiten dem Gehorsamen und Vertrauenden immer wieder ein Stück Weg geschenkt wird: bis er ankommt!

Es ist gut, als Wanderer im Weglosen die Stimme Christi zu hören: „Ich bin der Weg!"

Wenn ich *so* gehe, werden meine Spuren zum Weg für andere.

3

Siehe her, mit dem Senkblei prüfe ich mein Volk

Amos 7,8

Beim Propheten Amos heißt es: „Dies zeigte mir Gott, der Herr, in einer Vision: Er stand auf einer Mauer und hatte ein Senkblei in der Hand. Und der Herr fragte mich: Was siehst du, Amos? Ich antwortete: Ein Senkblei. Da sagte der Herr: Siehe her, mit dem Senkblei prüfe ich mein Volk Israel" (7,7–8).

Gott prüft den Menschen bis auf den tiefsten Grund. Was will diese Prüfung? Sie kann von Gott her nur von der Liebe geleitet sein, denn Gott ist Liebe. Sie will mir offenbar machen, wer ich bin. Sie will mich erkennen lassen, was in den Tiefen meines Wesens, im Bewußten und im Unbewußten, an Wünschen und Absichten steckt. Sie will mich bis in die Tiefe meiner Seele zur Lebenswahrhaftigkeit führen.

In den letzten hundert Jahren hat man erkannt, welche gewaltige Bedeutung das Unbewußte für den Menschen hat. Die „Tiefenpsychologie" legt gleichsam auch das Senkblei an, um diese Tiefen auszuloten.

Hier aber hält die Hand Gottes das Senkblei. Es ist die Hand des Erbarmens. Und so kann ich mich hinhalten und vertrauen – ohne Angst.

Es gibt eine Weise des Betens, die gleichsam diesem Senkblei in die Tiefen folgt. Es ist ein sehr einfaches Beten, fast wortlos. In der Stille meines Schweigens vor

Gott versuche ich, den tiefsten Grundzug meines Wesens und meiner Sehnsucht aufkommen zu lassen und in ein Wort zu fassen. Mit diesem so gefundenen Wort „atme" ich in der Schweigemeditation.

So bekannte jemand, als sein Gebetswort für solches Beten sei ihm zugekommen: „Eins mit dir!" Seitdem betet er schon viele Jahre mit diesem nie zu erschöpfenden Wort.

4

*Als Israel aus Ägypten auszog,
Jakobs Haus aus dem Volk mit fremder Sprache*

Psalm 114,1

Gilt es uns? Hat uns der Anruf erreicht, auszuziehen aus einem Volk mit fremder Sprache? Gehören wir denn nicht zu diesem Volk, in dessen Mitte wir wohnen? Sprechen wir nicht seine Sprache? Sind wir nicht Zeitgenossen?

Ich denke, es wäre schlimm, wenn der Christ heute mitten in einer säkularisierten und weithin gottvergessenen Welt nicht mehr eine gewisse Fremdheit verspürte. Wenn ihm die Sprache dieser säkularisierten Welt nie fremd erscheinen würde.

Er kann und darf nicht „aussteigen" aus dieser seiner Mitwelt. „Der Glaubende sucht sich keine andere Welt als die seiner Mitmenschen. So sieht er sich an allen Auseinandersetzungen und Lebens- oder auch Überlebensfragen zutiefst beteiligt und hereingenommen in die Entwicklung auf Tod und Leben" (Paul Deselaers). Und doch muß er sich unterscheiden, muß er anders leben. Im „Brief an Diognet", der wohl im letzten Jahrzehnt des zweiten Jahrhunderts geschrieben worden ist, heißt es von den Christen: „Die Christen sind Menschen wie die übrigen: sie unterscheiden sich von den anderen nicht nach Land, Sprache oder Gebräuchen. Sie bewohnen keine eigene Stadt, sprechen keine eigene Mundart, und ihre Lebensweise hat nichts Ungewöhnliches. Sie wohnen vielmehr in den Städten der Griechen und der Barbaren, wie es einem jeden das Los beschieden hat, und folgen den jeweils einheimischen Gesetzen in Kleidung, Nahrung und im ganzen übrigen Leben. Wie sie jedoch zu ihrem Leben als solchem stehen und es gestalten, darin zeigen sie eine erstaunliche und, wie alle zugeben, unglaubliche Besonderheit. Sie wohnen zwar in ihrer Heimat, aber wie Reisende aus einem fremden Land. Jede Fremde ist ihnen Heimat und jede Heimat Fremde. Sie heiraten wie alle anderen und zeugen Kinder, aber sie verstoßen nicht die Frucht ihres Leibes. Den Tisch haben sie alle gemeinsam, nicht aber das Bett.

Sie weilen auf der Erde, aber ihre Heimat haben sie im Himmel. Sie gehorchen den Gesetzen, überbieten aber die Gesetze durch ihr eigenes Leben. Um es kurz zu sagen: Was die Seele im Leib ist, das sind die Christen in der Welt. Die Christen sind im Gewahrsam der Welt und halten doch die Welt zusammen. Gott hat sie auf eine hohe Warte gestellt, und sie dürfen ihr nicht entfliehen."

Mitten in der Welt und doch Exodus, Auszug aus der Welt, die in sich selber ihr Genüge finden will. Wie damals in Ägypten ist es ein Auszug zur Befreiung. Und der Weg der Befreiung, den die Christen mitten durch ihre Welt gehen sollen, soll der Welt ein einladendes Zeichen sein: zur Befreiung aus der Befangenheit einer in sich verschlossenen Welt! „Als Israel aus Ägypten auszog, Jakobs Haus aus dem Volk mit fremder Sprache ..." Der Vers geht weiter: „... da wurde Juda Gottes Heiligtum!" Der Exodus mitten durch die Welt, Zeichen für die Welt, in den Freiraum Gottes!

5

Wenn alles dich einlädt ...
Hilde Domin

Ein Gedicht Hilde Domins trägt die Überschrift: „Warnung". Die letzten drei Zeilen dieses Gedichtes lauten:

> Wenn alles dich einlädt,
> das ist die Stunde
> wo dich alles verläßt.

Hat es je eine Zeit gegeben, in der diese Warnung dringlicher das Ohr und das Herz erreichen wollte als heute?

Tausendfach umgibt uns Tag für Tag vielfältige Einladung. Aber es ist keine Einladung, die von Herzen kommt. Verführung tarnt sich als Einladung. Wozu sie einlädt, das ist käuflich, das ist bezahlbar. Wer ihr folgt, verliert das Unbezahlbare! Es ist die verführerische Einladung in das Vielerlei, in die permanente Ablenkung, in das Haben. Wer ihr folgt, wird immer mehr nach draußen gezogen, wird immer leerer. Das Herz wird immer ärmer. Denn diese Einladung meint nicht das Du.

„Wenn alles dich einlädt ..." Dieses „alles" ist ein Neutrum, ein Sächliches; es kann dir nicht begegnen, es kann nicht bei dir sein:

> „Wenn *alles* dich einlädt,
> das ist die Stunde
> wo dich *alles* verläßt."

Goethe hat einmal wie in einer Nebenbemerkung etwas von dieser Erfahrung ausgesagt: „Tausend Menschen ist die Welt ein Raritätenkasten, die Bilder gaukeln vorüber und verschwinden, die Eindrücke bleiben flach und einzeln in der Seele" (Italienische Reise 1775). Und – in den „Zahmen Xenien", als hätte er unser Fernsehzeitalter vorausgesehen –:

> Dummes aber vor Augen gestellt
> Hat ein magisches Recht:
> Weil es die Sinne gefesselt hält,
> Bleibt der Geist ein Knecht.

Hilde Domin überschreibt das Gedicht: „Warnung"! Paulus schreibt im Römerbrief: „Gleicht euch nicht dieser Welt an, sondern wandelt euch und erneuert euer Denken, damit ihr prüfen und erkennen könnt, was der Wille Gottes ist: was ihm gefällt, was gut und vollkommen ist" (12,2).

6

*Laßt uns also endlich aufstehen,
die Schrift weckt uns*

Benedikt

Die Ordensregel des hl. Benedikt (geb. um 480) gehört zu den großen Büchern des Abendlandes. Es hat an der Prägung des christlichen Abendlandes großen Anteil.

Diese Ordensregel beginnt mit einem Prolog. Und in diesem Prolog steht der Satz: „Laßt uns also endlich aufstehen, die Schrift weckt uns."

Ein ähnliches Wort wird von Franz von Assisi überliefert. Sterbend soll er ausgerufen haben: „Brüder, laßt uns endlich anfangen!"

Es gibt Lebensstunden, in denen dieses „Erweckungswort" in besonderer Dringlichkeit an unser Ohr und unser Herz kommen will. Dann hängt alles davon ab, ob wir es wahrnehmen und den Kairos, den entscheidenden Augenblick, nicht versäumen.

Und dennoch ist es auch ein Wort, das jeden Tag uns erreichen möchte. Denn das Benediktwort geht weiter: „Die Schrift weckt uns und sagt: Die Stunde ist gekommen, vom Schlaf aufzustehen." Immer wieder wird uns ein neuer Tag geschenkt und damit das Angebot des neuen Anfangs! „Jeden Morgen weckt er mein Ohr, damit ich auf ihn höre wie ein Jünger" (Jes 50, 4). Das Wort der Offenbarung hat erweckende Kraft! „Öffnen wir unsere Augen dem göttlichen Licht", so geht das Benediktwort weiter. Ohr und Auge geöffnet für Wort und Licht der Offenbarung Gottes. Die Stimme ist da. Das Licht ist da. Laßt uns sie wahrnehmen! Im Lärm unserer Zeit, in den Finsternissen unserer Zeit.

Das Aufstehen weist hin auf Ostern: Auferstehung! Unser Aufstehen wird zum Geschenk der Auferstehung!

Ein Morgengebet des hl. Patrick (um 385–461) kommt aus diesem Geist des „Laßt uns aufstehen":

> Ich erhebe mich heute durch eine gewaltige Kraft,
> die Anrufung der Dreieinigkeit,
> und bekenne den Schöpfer der Schöpfung.
> Ich erhebe mich heute durch die Kraft Gottes,
> die mich lenkt.
> Gottes Macht halte mich aufrecht,
> Gottes Auge schaue für mich,
> Gottes Ohr höre für mich,
> Gottes Wort spreche für mich,
> Gottes Weg will ich gehen,
> sein Schild schütze mich.
> Christus sei mir zur Rechten,
> Christus sei mir zur Linken.
> Er die Kraft – Er der Friede.
> Christus sei, wo ich liege.
> Christus sei, wo ich sitze.
> Christus sei, wo ich stehe.
> Christus in der Tiefe,
> Christus in der Höhe,
> Christus in der Weite.

Gebet

Mein Herr und mein Gott, nun weiß ich, daß die Tage bis zu meinem Tode gezählt sind. Die Schmerzen, die mich Tag und Nacht begleiten, erinnern mich unaufhörlich daran, daß das Sterben begonnen hat.

Ich danke dir, daß du mein letztes Lebensjahr zur Gnadenzeit hast werden lassen; daß ich die Erfahrung im Glauben machen durfte, die der hl. Paulus mit dem Wort ausgesagt hat: „Wenn auch unser äußerer Mensch aufgerieben wird, der innere wird Tag für Tag erneuert" (2 Kor 4, 16).

Herr, ich danke dir für die Gnade des Glaubens, das kostbarste Gut meines Lebens. Ich danke dir für die Berufung zum Priestertum: „Auf schönem Land fiel mir mein Anteil zu. Ja, mein Erbe gefällt mir gut" (Ps 16, 6).

Wenn ich auf mein Leben zurückschaue, dann preise ich deine wunderbare Führung. Aber zugleich erschrecke ich über die Eigenwege, die ich gegangen bin; über die Liebesverweigerungen meines Lebens; über die Verschattungen der Lebenswahrhaftigkeit; über all das Versäumte, das ich hätte sehen und tun sollen und nicht wahrgenommen habe. Jetzt kann ich das alles nicht mehr gutmachen und aufholen.

Jetzt kann ich nur im letzten Vertrauen sprechen: Herr, du allein! und mich fallen lassen in den seligen Abgrund deiner barmherzigen Liebe.

Herr, ich bitte dich für die ungezählten Menschen, denen ich in meinem priesterlichen Dienst begegnet bin: Schenke du ihnen dein gutes Weggeleit!

Heiliger dreieiniger Gott, ich lege mein Leben in demütigem Vertrauen in deine Hände. Ich bete dich an mit der ganzen Kraft meines Herzens. Amen.

Von Johannes Bours, geschrieben im Oktober 1987, wenige Wochen vor seinem Tod am 1. Februar 1988